Elizabeth Murphy
Weil jedes Kind besonders ist

W

Elizabeth Murphy

Weil jedes Kind besonders ist

Verständnisvoll erziehen

Walter Verlag Zürich und Düsseldorf

Titel der amerikanischen Originalausgabe:
The Developing Child – Using Jungian Typology to Understand Children
Davies-Black, a division of Consulting Psychologists Press, Inc., Palo Alto

Übersetzung aus dem Amerikanischen von Martin Rometsch

Die Deutsche Bibliothek – CIP-Einheitsaufnahme

Murphy, Elizabeth:
Weil jedes Kind besonders ist : verständnisvoll erziehen / Elizabeth Murphy. [Übers. aus dem Amerikan. von Martin Rometsch]. – Zürich ; Düsseldorf : Walter, 1996
Einheitssacht.: The developing child <dt.>
ISBN 3-530-30012-8

Satz: Macintosh Quadra 700
Druck und Einband: Clausen & Bosse, Leck
Printed in Germany
ISBN 3-530-30012-8

Dieses Buch ist all denen gewidmet, die sich um gute Beziehungen zwischen Erwachsenen und Kindern bemühen, im besonderen denen bei mir zu Hause.

Inhalt

Kapitel 5
Entscheidungen treffen: Denken und Fühlen 72

Kapitel 6
Das beobachtbare Verhalten: die rationale und die irrationale Einstellung 87

Kapitel 8

Praktische Typologie für Lehrer 109

Kapitel 9

So entwickeln Sie ein positives Verhältnis zu introvertierten und extravertierten Kindern 124

Vorwort

Oft kehren wir in Gedanken in unsere Kindheit zurück und erinnern uns an Aussprüche und Handlungen von Erwachsenen, die uns damals inspiriert oder uns weh getan haben. Wir erinern uns auch an bedeutsame Formulierungen, die andere während eines Gesprächs benutzten und die unmittelbar unser Herz oder unseren Geist angesprochen haben. Solche Kindheitserlebnisse erzählen wir gerne, um zu illustrieren, wie sehr ein Mensch einen anderen beeinflussen kann.

Da die Bemerkungen Erwachsener einen so großen verborgenen Einfluß auf Kinder haben, ist es offensichtlich von Bedeutung, dass wir verstehen lernen, wie Erwachsene und Kinder miteinander kommunizieren, und dass wir Strategien entwickeln, um die Beziehung zwischen beiden zu verbessern. Jungs Konzept der psychologischen Typen ist eine brauchbare Grundlage, wenn wir die Unterschiede zwischen Kindern und Erwachsenen, die die gegenseitige Kommunikation beeinflussen, verstehen wollen.

Die Darstellung der charakteristischen Eigenheiten der sechzehn psychologischen Typen möchte Erwachsenen und Kindern ermöglichen, das Verhalten und die Ausdrucksweise der anderen Generation besser zu verstehen. Erwachsene können Kindern auch wirkungsvoller helfen, heranzuwachsen und ihre persönlichen Begabungen und Talente zu entwickeln, wenn sie die verschiedenen Typen kennen. Wie wir die psychologische Typenlehre im Alltag anwenden können, wird anhand von Beispielen deutlich.

Dieses Buch bietet die Möglichkeit, einige hilfreiche Wege zu prüfen, um positive Beziehungen zu Kindern herzustellen. Je besser Kinder und Erwachsene einander verstehen, desto größer sind ihre Chancen, starke Bindungen zu entwickeln. Jede Generation gibt ihr Wissen an die nächste weiter. Unsere Generation kann der erste Faden auf dem Webstuhl sein, um ein besseres Beziehungsmuster zwischen Erwachsenen und Kindern zu weben.

Kapitel 1

Jungsche Typologie und die Entwicklung des Kindes

Die meisten Eltern, die ihr erstes Kind erwarten, glauben, sie müßten nur alles richtig machen, dann werde ihr Kind sich ohne größere Schwierigkeiten entwickeln und gute familiäre Beziehungen seien gewährleistet. Niemand plant Probleme mit ein, obwohl in vielen Familien Probleme auftreten, wenn die Kinder erwachsen werden. In diesem Buch geht es nicht um die Bedürfnisse von Kindern mit speziellen seelischen oder körperlichen Störungen, sondern vor allem um die Beziehungen und die Lernbedürfnisse jener Kinder, deren Entwicklung in voraussagbaren Phasen verläuft. Die meisten Erwachsenen finden, daß Kinder an manchen Tagen artiger und an manchen weniger artig sind, und trotz aller Bemühungen fällt es ihnen schwer, bestimmte Verhaltensweisen zu tolerieren. Wie können Erwachsene das akzeptable vom inakzeptablen kindlichen Verhalten unterscheiden und beides besser verstehen?

Die psychologischen Typenlehren bieten eine Möglichkeit. Gemäß der diesem Buch zugrunde liegenden Theorie, die auf den Arbeiten von C. G. Jung und Isabel Briggs Myers basiert, gibt es sechzehn psychologische Typen. Eine Kombination dieser Typen entwickelt sich in der Kindheit, und deren Entwicklung setzt sich während des ganzen Lebens fort. Die psychologischen Typen liefern ein Grundgerüst, das uns verstehen hilft, wie die Persönlichkeit eines Kindes sich entwickelt und warum Erwachsene auf bestimmte Verhaltensweisen unterschiedlich reagieren. In diesem Buch geht es vor allem darum, wie die normalen, natürlichen Persönlichkeitsunterschiede zwischen

Erwachsenen und Kindern die Entwicklung von Beziehungen zwischen beiden beeinflussen. Dazu gehören die Beziehungen zwischen Eltern und Kindern sowie zwischen Lehrern und Kindern.

Der Stoff zu diesem Buch über Kinder und ihre Beziehungen zu Erwachsenen ist hauptsächlich persönlichen Erfahrungen entnommen. Nicht alles, was hier beschrieben wird, läßt sich nachweisen oder durch Forschungsergebnisse belegen, da die Forschungen noch nicht abgeschlossen sind. Einige langfristig angelegte Studien sind angelaufen, aber es sind weitere Forschungen erforderlich, um die Komplexität der kindlichen Persönlichkeitsentwicklung vollständig erklären zu können. Wenn die Informationen, die dieses Buch vermittelt, Ihnen vernünftig vorkommen, dann hat es seinen Zweck *heute* erfüllt, während die Wissenschaftler die kindliche Entwicklung weiter erforschen, um ein endgültiges Modell zu erstellen, das die Heranbildung der kindlichen Persönlichkeit beschreibt.

Wir müssen alle Aspekte der kindlichen Entwicklung berücksichtigen

Wenn wir ein sich entwickelndes Kind verstehen wollen, müssen wir seine körperliche, intellektuelle, soziale und persönliche Entwicklung gleichermaßen in Betracht ziehen. Für jeden dieser Faktoren wurden spezifische Theorien aufgestellt, wobei die Theorien über die körperliche Entwicklung den Aspekt gewählt haben, dessen Verlauf sich am leichtesten voraussagen läßt. Es gibt Durchschnittswerte für das Wachstum von Kindern, und Größe, Gewicht und andere Faktoren liegen entweder im Normbereich, überschreiten ihn oder liegen darunter. Die Theorien über die intellektuelle Entwicklung konzentrieren sich auf die kognitiven Fähigkeiten, die in bestimmten Lebensphasen erworben werden, und sie liefern in Zahlen ausgedrückte Schwankungsbreiten, welche die potentiellen Fähigkeiten eines Kindes angeben. Daten über die Intelligenz sagen nichts darüber aus, wie viele Fertigkeiten ein Kind erwirbt und wie es am liebsten lernt. Die soziale Entwicklung befaßt sich vor allem mit der Anpassung des Kindes an die Welt und an seine Mitmenschen. Für das Leben in der Gesellschaft sind bestimmte Fähigkeiten erforderlich, und diese erwirbt das Kind während seiner Entwicklung. Die Reaktion des Kindes auf die Umwelt scheint recht stark mit der Persönlichkeitsentwicklung verknüpft zu sein.

Die Persönlichkeit ist jene menschliche Komponente, die am meisten darüber aussagt, wie Kinder ihre sozialen Beziehungen herausbilden und wie sie am liebsten lernen. Wie schon erwähnt, konzentriert sich dieses Buch auf die normalen Persönlichkeitsunterschiede zwischen Menschen. Statt sich aber mit einer einzigen Darstellung der normalen Bandbreiten zu begnügen, schlägt es mehrere Wege ein, um die normale Persönlichkeitsentwicklung zu erklären.

Vorherrschende Typenmerkmale sagen nichts über das künftige Verhalten

Es ist wichtig, daß Erwachsene sich über die Bedeutung vorherrschender psychologischer Typenpräferenzen (die Begriffe werden im zweiten Kapitel erklärt) in Beziehungen und im Verhalten im klaren sind. Doch selbst wenn wir diese kennen und verstehen, können wir damit nicht das Verhalten eines Kindes vorhersagen; wohl aber helfen sie uns zu verstehen, wie ein Kind *am liebsten* lernt und Informationen verarbeitet und wie es *am liebsten* kommuniziert. Das heißt, bei jedem Individuum entwickelt sich eine natürliche Vorliebe für die Aufnahme von Informationen und die Entscheidungsfindung anhand dieser

Informationen. Diese Vorliebe ist die Wahl einer von zwei möglichen Alternativen – und das Wort *Wahl* ist hier wichtig. Es kann beispielsweise sein, daß ein Kind lieber Schokoladeeis als Erdbeeren ißt und fast immer Schokolade vorzieht, wenn es wählen darf. Eines Tages beschließt es dennoch, Erdbeeren zu essen – vielleicht um der Abwechslung willen. Die Entscheidung zugunsten der Erdbeeren ändert nichts daran, daß das Kind normalerweise lieber Schokolade ißt; dennoch steht es dem Kind frei, Erdbeeren zu essen, wann immer es Lust darauf verspürt. Ein Erwachsener mag vernünftige Gründe für die Vermutung haben, daß das Kind zur Schokolade greifen wird; aber er kann es nicht mit Sicherheit voraussagen, weil das Kind einen freien Willen hat. Das gleiche gilt für die Unterschiede zwischen den psychologischen Typen. Ein Kind *neigt* vielleicht dazu, Informationen in bestimmter Weise zu verarbeiten; doch es hat die Freiheit, sich jederzeit für oder gegen seine Neigung zu entscheiden.

Erwachsene, die sich der Vorlieben eines Kindes bewußt sind, können leichter eine begründete Vermutung darüber abgeben, wie ein Kind am liebsten lernt und kommuniziert; aber damit verfügen sie nicht über eine simple Formel, mit der sie das Verhalten des Kindes in jeder Situation vorhersagen können. Manchmal ist es ebenso wichtig zu wissen, daß ein Kind sich gegen seine natürliche Neigung entschieden hat, weil das eine Belastung für das Kind sein kann. Das Wissen um die Vorlieben eines Kindes sensibilisiert Erwachsene und verbessert die Beziehungen. Dieses Buch bespricht die Merkmale der verschiedenen psychologischen Typen und zeigt Erwachsenen, die mit Kindern arbeiten, wie sie diese Unterschiede nutzen können, um die Kommunikation zu verbessern.

Kinder vom gleichen psychologischen Typ haben bestimmte Merkmale gemeinsam; aber jedes Kind ist ein Individuum

Einige Erwachsene, die zum erstenmal von psychologischen Typen hören, fragen sich, ob die Bestimmung der typologischen Präferenzen eines Kindes dazu führt, daß man es in eine Schablone zwängt und möglicherweise an einer optimalen Entwicklung hindert. Oft fürchten sie auch, daß solche Erkenntnisse im voraus festlegen könnten, wie Menschen miteinander umgehen. In diesem Fall würden wir die psychologische Typenlehre dazu benutzen, die Wahlfreiheit einzuschränken, und das widerspräche einer der Hauptforderungen dieser Lehre: alle Individuen zu respektieren und sie dazu zu ermuntern, Talente zu entwickeln, die für ihren Typ natürlich sind, aber auch die Fertigkeiten jener Menschen zu erlernen, die andere Präferenzen haben.

Jung stellte klar, daß Menschen des gleichen Typs vieles gemeinsam haben, daß jedes Individuum aber auch einzigartig ist. Jeder Mensch bringt bestimmte Persönlichkeitsmerkmale mit auf die Welt; aber jeder lebt auch in einer einzigartigen Umwelt, die seine Entwicklung und den Ausdruck seiner Persönlichkeit bestimmt. Es ist wichtig, die Präferenzen und die Persönlichkeitsentwicklung des jeweiligen Typs zu verstehen, weil wir auf dieser Grundlage das Wachstum und die Entwicklung von Individuen deuten können.

Dieses Buch möchte Erwachsenen helfen, die normale Persönlichkeitsentwicklung zu verstehen, die in der Kindheit beginnt und sich im Erwachsenenalter fortsetzt. Die Beschreibungen der Typen sind Beispiele und sollten nicht dazu dienen, das Verhalten vorauszusagen. Jeder Mensch muß sowohl in seiner Einzigartigkeit verstanden werden als auch in seinen Gemeinsamkeiten mit anderen, die demselben Typ angehören.

Auch die Persönlichkeitsmerkmale des Erwachsenen sind wichtig

Bevor Erwachsene versuchen, Kinder zu verstehen, sollten sie sich bemühen, sich selbst, also ihren psychologischen Typ, zu verstehen. Es lohnt sich, wenn sie einiges über psychologische Typen lesen und ihre natürlichen Präferenzen kennenlernen. Nützliche Literatur finden Sie am Ende dieses Buches. Eltern und Lehrer sollten wissen und verstehen, wie ihre Persönlichkeit die Erfahrungen ihrer Kinder zu Hause und im Klassenzimmer beeinflußt. Außerdem hilft diese Erkenntnis, das Verhalten eines Kindes zu erklären. Die Persönlichkeitstypen der Erwachsenen werden in anderen Büchern ausreichend besprochen; dieses Buch untersucht die Persönlichkeitsentwicklung bei Kindern und zeigt, wie das Verständnis der Persönlichkeitsunterschiede das Verhältnis zwischen Erwachsenen und Kindern verbessern kann.

Zusammenfassung

Wenn wir wissen, wie ein Kind sich entwickelt, können wir seine Entwicklung fördern. Die Persönlichkeitsentwicklung ist ein Aspekt der kindlichen Natur, den Erwachsene studieren sollten, um das sich entwickelnde Kind besser zu verstehen.

- Der psychologische Typ beschreibt die normalen Persönlichkeitsmerkmale von Kindern und Erwachsenen.
- Es gibt nur wenige Längsschnittstudien über Kinder. Darum stützen sich viele in diesem Buch genannte Beispiele eher auf Erfahrungen als auf wissenschaftliche Forschungen.
- Die Persönlichkeitsentwicklung ist nur ein Aspekt des sich entwickelnden Kindes.
- Typologische Präferenzen sagen das Verhalten *nicht* voraus.

- Menschen, die dem gleichen psychologischen Typ angehören, haben bestimmte Merkmale gemeinsam; dennoch ist jeder Mensch einzigartig.
- Die Beschreibungen typischer Verhaltensweisen in diesem Buch sind Beispiele. Andere Kinder, die dem gleichen Typ angehören, verhalten sich nicht unbedingt so, wie hier beschrieben.
- Erwachsene sollten die Persönlichkeitsmerkmale von Erwachsenen ebenso studieren wie die von Kindern. Wer weiß, wie verschiedene Persönlichkeitstypen miteinander umgehen, kann seine Beziehungen zu anderen verbessern.

Kapitel 2

Der psychologische Typ und seine Entwicklung

Kommunikation ist leichter, wenn man dieselbe Sprache benutzt. Dieses Kapitel stellt die Terminologie vor, mit der üblicherweise die psychologischen Typen beschrieben werden, und erörtert die Persönlichkeitsentwicklung eingehender. Manche Leser ziehen es vielleicht vor, sich zuerst einen Überblick über die Terminologie zu verschaffen, dann die Kapitel zu lesen, die sich mit bestimmten Typen befassen, und anschließend zu diesem Kapitel zurückzukehren. Wenn Ihnen die Informationen über die Entwicklung des Typs in diesem Kapitel kompliziert vorkommen, lesen Sie eventuell besser zuerst die Abschnitte, die die verschiedenen psychologischen Typen beschreiben (ab Kapitel 3). Sobald Sie mit den Unterschieden, die zwischen den Typen bestehen, vertraut sind, wenden Sie sich wieder diesem Kapitel zu, um mehr darüber zu erfahren, wie diese Unterschiede sich entwickeln. Die Beschreibung der typologischen Merkmale und der Entwicklung des Typs gehören zusammen, und Sie müssen beide verstehen; aber es ist unwichtig, welche Sie zuerst studieren.

Einführung in die in diesem Buch verwendeten Grundbegriffe

Extraversion und Introversion

Menschen setzen sich mit ihrer Welt auf zweierlei Weise auseinander: durch eine *extravertierte* oder durch eine *introvertierte* Orientierung. Extravertierte neigen dazu, ihre Energie nach außen zu richten; Introvertierte sind typischerweise nach innen gewandt. Kapitel 3, «Die Interaktion mit der Welt: Extraversion und Introversion», erklärt, wie diese Unterschiede im kindlichen Verhalten erkannt werden können.

Empfindung und Intuition

Es gibt im wesentlichen zwei Möglichkeiten, Informationen wahrzunehmen. *Empfindungstypen* neigen dazu, besonders diejenigen Informationen, die sie mit ihren fünf Sinnesorganen aufnehmen, zu beachten und sich darauf zu konzentrieren. *Intuitionstypen* nehmen Informationen ebenfalls durch die Sinne wahr; aber sie integrieren sie schnell in ein Muster, dem dann ihre ganze Aufmerksamkeit gilt. Wie man diese Präferenzen bei Kindern erkennt, lesen Sie im Kapitel 4, «Die Wahrnehmung der Welt: Empfindung und Intuition»

Denken und Fühlen

Menschen können die Informationen, die sie wahrnehmen, auf zwei verschiedene Arten verwenden, um Entscheidungen zu treffen. Der *Denktyp* neigt dazu, Entscheidungen auf objektive Faktoren und Logik zu stützen. *Fühltypen* richten sich häufiger nach Wertsystemen. Kapitel 5, «Entscheidungen treffen: Denken und Fühlen», zeigt, wie man diese Neigungen bei Kindern erkennt.

Urteilen und Wahrnehmen: Die rationale und die irrationale Einstellung

Menschen bevorzugen entweder eine urteilende oder eine wahrnehmende Einstellung. Der urteilende Typ schätzt Zurückhaltung und klare Grenzen, der wahrnehmende Typ dagegen Spontaneität und Flexibilität. Aus diesen Präferenzen können wir auch schließen, ob ein Individuum bei extravertiertem Tun zur Empfindung beziehungsweise zur Intuition oder zum Denken beziehungsweise zum Fühlen neigt. Wir wissen nicht unbedingt, *was* jemand denkt; aber wir können Verhaltensweisen beobachten, die uns helfen, die Präferenz des Individuums festzustellen. Da Empfindung und Intuition erklären, *wie* ein Mensch Informationen aufnimmt, gelten sie als wahrnehmendes oder *irrationales Einstellungspaar,* und da wir davon ausgehen können, daß Menschen Urteile über die Informationen fällen, auf die sie ihre Entscheidungen stützen, bezeichnen wir Denken und Fühlen, die sich beide auf das Treffen von Entscheidungen konzentrieren, als urteilendes oder *rationales Einstellungspaar.* Je nachdem, ob jemand dem irrationalen Typ (Empfindung/Intuition) oder dem rationalen (Denken/Fühlen) zugehört, stehen bestimmte Verhaltensweisen im Vordergrund. Diese Verhaltensweisen beschreibt das Kapitel 6: «Das beobachtbare Verhalten: rationale und irrationale Einstellung».

E/I Em/In D/F Ra/Ir

Erzieher oder andere Erwachsene, die mit Kindern über Typen sprechen wollen, können sie zunächst fragen, ob sie ein kürzeres Wort für «Fernsehapparat» kennen. Die Antwort «TV» [in englischsprachigen Ländern, Anm. d. Ü.] kommt schnell. Dann fragt man sie, welches Wort sie häufiger benutzen, und die meisten sagen «TV». Auf die Frage «Warum?» antworten sie gewöhnlich, «TV» sei leichter auszusprechen als «Fernsehapparat». Kinder verstehen gut, daß Leute, die über Typen reden, ähnliche Abkürzungen verwenden, nämlich die ersten ein oder zwei Buchstaben der acht Begriffe. E steht für Extraversion, I für Introversion, Ra für die rationale und Ir für die irrationale Einstellung. Em steht für Empfinden, In für Intuition, D für Denken und F für Fühlen.

Wir können also vier typologisch bedeutsame Paare unterscheiden:

E/I (Extraversion/Introversion)
Em/In (Empfinden/Intuition)
D/F (Denken/Fühlen)
Ra/Ir (rationale, irrationale Einstellung)

Die Buchstaben lassen sich nun so kombinieren, daß sie die sechzehn psychologischen Typen symbolisieren. Da jedes Individuum eine Präferenz für eine der beiden Orientierungen bei allen vier Typenpaaren hat, symbolisieren die Buchstaben, die für die vier Präferenzen stehen, den psychologischen Typ eines Menschen: Ein Mensch bevorzugt entweder die extravertierte oder die introvertierte Einstellung, darum ist der erste Buchstabe im Typenprofil E oder I. Zudem neigt er entweder zum Empfinden oder zum Intuieren; daher folgt als zweites das Buchstabenpaar Em oder In. Ferner bevorzugt ein Mensch entweder das Denken oder das Fühlen, deshalb erscheint danach ein D oder ein F. Und schließlich ist ein Mensch entweder ein rationaler oder ein irrationaler Typ; als vierte Abkürzung steht daher Ra oder Ir. Auf diese Weise kommen sechzehn Typen zustande, die in Tabelle 1 aufgeführt sind

Tabelle 1: Mögliche Typenkombinationen

IEmDRa	IEmFRa	IInFRa	IInDRa
IEmDIr	IEmFIr	IInFIr	IInDIr
EEmDIr	EEmFIr	EInFIr	EInDIr
EEmDRa	EEmFRa	EInFRa	EInDRa

Die Kombination aus vier Buchstaben symbolisiert also den psychologischen Typ eines Menschen. Wer mit der Typenlehre vertraut ist, könnte auf die Frage «Welcher Typ sind Sie?» beispielsweise antworten: «IInFIr» oder «EEmDRa».

Bei Kindern sind diese Präferenzen noch in Entwicklung, daher hat ein Kind nicht immer eine klare Präferenz. In solchen Fällen können wir den Buchstaben X für «unbestimmt» verwenden. Neigt ein Kind zur Introversion (I) und zum Fühlen (F) und hat es eine irrationale Orientierung (Ir), während seine Präferenz in bezug auf Empfindung oder Intuition unklar ist, lautet die Buchstabenkombination IXFIr. Das X kann eine unklare Präferenz auf allen vier Skalen bedeuten.

Der Myers-Briggs-Type-Indicator® (MBTI®)

Dieser Persönlichkeitsfragebogen, den Isabel Briggs Myers und Katharine Briggs entwickelt haben, bestimmt die sechzehn psychologischen Typen. Wer sich diesem Test unterziehen möchte, muß einen dafür ausgebildeten Fachmann, etwa einen Psychologen, aufsuchen. Der MBTI wird hauptsächlich bei älteren Heranwachsenden und Erwachsenen benutzt.

Der Murphy-Meisgeier-Typenindikator für Kinder (MMTIC)

Dieser Fragebogen bestimmt die Typenpräferenzen bei Kindern von der zweiten bis zur elften Schulklasse. Auch dieser Test muß von einem ausgebildeten Fachmann angewandt werden. Man benutzt ihn oft, um Lehrer bei ihrer Arbeit mit Schülern und deren individuellem Lernstil zu unterstützen.

Die Einstellung

In der psychologischen Typenlehre bezeichnet *Einstellung* die Art und Weise, wie ein Mensch sich mit der Welt auseinandersetzt. Die beiden Skalen, die sich auf diese Wechselwirkung beziehen, sind Extraversion/Introversion und rational/irrational. Die E/I- und Ra/Ir-Skalen werden daher *Einstellungen* genannt. Mögliche Einstellungskombinationen sind ERa, EIr, IRa und IIr.

Die Funktion

Wenn Menschen gefragt werden, wie etwas funktioniert, sieht man aus ihren Antworten, daß sie von unterschiedlichen Sichtweisen ausgehen. Die Skalen Empfindung/Intuition und Denken/Fühlen zeigen, wie ein Mensch normalerweise Informationen aufnimmt und verarbeitet – also wie er innerlich mit Informationen umgeht. Daher bezeichnen wir die Skalen Em/In und D/F als *Funktionen.* Mögliche Kombinationen sind EmF, EmD, InF und InD.

Die Präferenz

Eine Präferenz gibt an, daß jemand eine Wahl getroffen hat. Die weniger bevorzugte Möglichkeit wird von ihm nicht abgelehnt, aber sie wird auch nicht begünstigt. Der psychologische Typ beschreibt die psychologischen *Präferenzen.* Ein Mensch kann sowohl die Empfindung wie auch die Intuition benutzen; aber er bevorzugt eine von beiden, und darum fällt ihm der Umgang mit dieser leichter. Ein beliebter Vergleich ist der Gebrauch der rechten und der linken Hand. Ein Rechtshänder schreibt leichter mit der rechten Hand. Wenn er mit der linken schreiben muß, ist seine Handschrift nicht so gut lesbar, und er muß sich mehr anstrengen. Das gleiche gilt für die psychologischen Präferenzen. Einem Menschen fällt es leichter, Informationen auf die von ihm grundsätzlich bevorzugte Weise aufzunehmen (durch Empfinden oder Intuition) und auf dieser Grundlage Entscheidungen zu treffen (durch Denken oder Fühlen), und es kommt ihm natürlicher vor. Er kann Informationen zwar – wenn es sich als notwendig erweist – auch durch die nicht begünstigte Funktion aufnehmen und verarbeiten; aber das kostet ihn mehr Energie, und das Ergebnis ist sehr wahrscheinlich weniger gut.

Das Unbewußte

Ein Teil der Aktivitäten der menschlichen Persönlichkeit spielt sich im Bewußtsein ab. Die übrigen Teile sind im Unbewußten verborgen. Wir kennen die Gedanken und Gefühle, die vom Bewußtsein ausgehen; diejenigen, die im Unbewußten vorkommen, sind uns weniger bekannt. Gedanken und Gefühle wechseln ständig zwischen dem Bewußtsein und dem Unbewußten hin und her.

Der Typ entwickelt sich während des ganzen Lebens

Die Persönlichkeit eines Menschen entwickelt sich während seines ganzen Lebens. Nach C. G. Jung würden Kinder ihrer Kindheit beraubt, wenn ihre Persönlichkeit die Fülle einer erwachsenen Persönlichkeit hätte; denn die Kindheit sei die Zeit der Entwicklung. Wenn wir Kindern die Entwicklung der Persönlichkeit erklären, benutzen wir oft den Samen und die Blüte als Beispiel: Aus dem Samen entwickelt sich zuerst ein Stengel, dann ein Blatt, dann eine Knospe und schließlich eine Blüte. Der Stengel sagt uns nicht, wie die Blüte aussehen wird, und die Blüte kann sich erst bilden, wenn Stengel und Blätter vorhanden sind. Wenn wir einen Sonnenblumenkern setzen, kann daraus nur eine Sonnenblume wachsen. In gleicher Weise kann sich die Persönlichkeit eines Kindes nur gemäß seinem inneren Muster, also nach einer der sechzehn möglichen Typenkombinationen, entwickeln.

Selbst wenn ein Mensch sein Leben lang eine Funktion benutzt, die ihm weniger liegt, bleibt seine innere Präferenz erhalten. Erwachsenen fällt oft auf, daß sie als Kinder völlig anders waren, sich als Erwachsene aber wohler fühlen, und häufig führen sie das auf Umwelteinflüsse zurück. Wenn der

Mensch die Freiheit hat, er selbst zu sein, setzen die natürlichen Präferenzen sich durch.

Die Funktionen entwickeln sich weiter, wenn ein Mensch älter wird, aber die Einstellungen sind früh festgelegt

Die Einstellungskombinationen (Extraversion-Urteilen; Extraversion-Wahrnehmen; Introversion-Urteilen; Introversion-Wahrnehmen) sind offenbar von Geburt an stabil und scheinen sich nicht zu ändern, wenn wir älter werden. Menschen, die sich mit Vorliebe in einer extravertierten Weise auf die Welt beziehen, neigen ihr Leben lang zur Extraversion. Der Mensch fühlt sich mit seiner bevorzugten Einstellung einfach wohler. Diese Einstellungspräferenz wird schon in frühen Jahren deutlich und scheint nicht zu schwanken. Jung wies darauf hin, daß die Einstellung ein Merkmal des Menschen sei, nicht die Folge von Umwelteinflüssen: «Die Tatsache, daß gelegentlich schon Kinder in den ersten Lebensjahren die typische Einstellung mit Sicherheit erkennen lassen, nötigt zu der Annahme, daß es keineswegs der Kampf ums Dasein, so wie man ihn allgemein versteht, sein kann, der zu einer bestimmten Einstellung zwingt.» (GW 6, § 560).

Die Funktionen (Empfinden, Intuition, Fühlen, Denken) und deren Kombinationen entwickeln sich anders, offenbar während des ganzen Lebens. In der Kindheit entwickelt sich die stärkste Präferenz, die *Hauptfunktion.* Das kann jede Funktion sein. Sobald sie entwickelt ist, wird sie zum dominanten Teil der Persönlichkeit.

In der Adoleszenz oder im frühen Erwachsenenalter entwickelt sich die zweitwichtigste Funktion, die *Hilfsfunktion.* Sie muß die Hauptfunktion in jeder Hinsicht stützen. Ist die Hauptfunktion irrational (Empfinden oder Intuition), muß die Hilfsfunktion rational (Denken oder Fühlen) sein. Wenn die Hauptfunktion rational ist (Denken oder Fühlen), muß die Hilfsfunktion aus Gründen des Ausgleichs irrational (Empfinden oder Intuition) sein. Die Entwicklung einer Haupt- und einer Hilfsfunktion bedeutet, daß das Kind eine Präferenz sowohl für eine der rationalen wie auch für eine der irrationalen Funktionen hat. Die Einstellungspräferenz für die Extraversion oder Introversion und für den rationalen oder irrationalen Typ bleibt konstant.

Bis zum frühen Erwachsenenalter entwickelt sich eine dritte Funktion, die *tertiäre* Funktion. Die Hauptfunktion ist der stärkste Teil der Persönlichkei, die ihr entgegengesetzte Funktion (Denken: Fühlen; Empfinden: Intuition) ist daher am wenigsten differenziert und entwickelt sich zuletzt. Daraus folgt, daß als tertiäre Funktion der Gegenpol der Hilfsfunktion entwickelt wird. Wenn letztere die Empfindung ist, dann ist die tertiäre Funktion die Intuition. Ist die Intuition die Hilfsfunktion, so ist die Empfindung die tertiäre Funktion. Wenn die Hilfsfunktion das Denken ist, dann ist die tertiäre Funktion das Fühlen, und wenn die Hilfsfunktion das Fühlen ist, ist das Denken die tertiäre Funktion.

Irgendwann im Erwachsenenalter entwickelt sich die vierte Funktion. Sie wird als *minderwertige* Funktion bezeichnet, und sie ist, wie schon erwähnt, die der Hauptfunktion entgegengesetzte Funktion. Als minderwertig wird sie bezeichnet, weil sie sich zuletzt entwickelt. Während der Wachstumsjahre kann ein Mensch die minderwertige Funktion möglicherweise nicht effektiv oder effizient nutzen, und es kann ihm schwerfallen, Aufgaben zu erfüllen, bei denen er die minderwertige Funktion anwenden muß. Ist das Denken die Hauptfunktion eines Menschen, dann ist das Fühlen die minderwertige Funktion. Wenn die Hauptfunktion das Fühlen ist, dann ist die minderwertige Funktion das Denken. Ist die Hauptfunktion das Empfinden, so ist die Intuition die minderwertige Funktion, und ist die Intuition die Hauptfunktion, dann ist die Empfindung die minderwertige Funktion. Obwohl diese minderwertige Funktion sich entwickelt, ist sie als Teil der Persönlichkeit doch weniger wirksam und weniger reif als alle anderen Funktionen.

Kenntnisse über die Haupt-, Hilfs-, tertiäre und minderwertige Funktion eines Menschen ermöglichen es uns, besser einzuschätzen, wie sehr er sich anstrengen muß, um bestimmte Erwartungen zu erfüllen. Eine Zusammenstellung der 16 Funktionskombinationen finden Sie in Tabelle 2.

Menschen desselben Typs verhalten sich nicht unbedingt gleich

Menschen desselben Typs verhalten sich ähnlich; aber kein Mensch ist eine Kopie eines anderen. Wenn wir diese Ideen Kindern vorstellen, ist die Sonnenblumen-Analogie wiederum hilfreich: Einige Kerne fallen auf Stein, andere ins Wasser, in gute Erde oder in weniger gute. Jeder Samen wird zu einer Sonnenblume; aber jede Pflanze unterscheidet sich von den anderen, weil die Umwelt ihr Wachstum und ihre Entwicklung anders beeinflußt hat. In gleicher Art weisen Menschen desselben Typs ähnliche Eigenschaften auf und entwickeln aufgrund verschiedener Umwelteinflüsse dennoch unterschiedliche Persönlichkeiten. Die angeborenen Präferenzen ändern sich nie; doch die Art und Weise, wie die Menschen diese Präferenzen ausdrücken, läßt sich beeinflussen. Wickes (1969) betont, daß es gefährlich ist, die natürlichen Präferenzen eines Kindes zu unterdrücken.

Alle Funktionen können in entwickelter oder unentwickelter Form vorhanden sein. Wenn ein Kind keine Möglichkeit hat, eine Funktion praktisch zu nutzen, bleibt diese unentwickelt oder unterentwickelt. Diese Entwicklungsstörung beeinflußt das Denken und Verhalten des Kindes, denn keine Funktion,

Tabelle 2: Die Funktionen der 16 Typen

E: Extraversion **I:** Introversion **Em:** Empfinden **In:** Intuition
D: Denken **F:** Fühlen **Ra:** rational **Ir:** irrational

IEmDRa		**IEmFRa**		**IInFRa**		**IInDRa**	
Funktionen:	EmD	Funktionen:	EmF	Funktionen:	InF	Funktionen:	InD
Hauptf.:	Em	Hauptf.:	Em	Hauptf.:	In	Hauptf.:	In
Hilfsf.:	D	Hilfsf.:	F	Hilfsf.:	F	Hilfsf.:	D
tertiäre F.:	F	tertiäre F.:	D	tertiäre F.:	D	tertiäre F.:	F
mind. F.:	In	mind. F.:	In	mind. F.:	Em	mind. F.:	Em
IEmDIr		**IEmFIr**		**IInFIr**		**IInDIr**	
Funktionen:	EmD	Funktionen:	EmF	Funktionen:	InF	Funktionen:	InD
Hauptf.:	D	Hauptf.:	F	Hauptf.:	F	Hauptf.:	D
Hilfsf.:	Em	Hilfsf.:	Em	Hilfsf.:	In	Hilfsf.:	In
tertiäre F.:	In	tertiäre F.:	In	tertiäre F.:	Em	tertiäre F.:	Em
mind. F.:	F	mind. F.:	D	mind. F.:	D	mind. F.:	F
EEmDIr		**EEmFIr**		**EInFIr**		**EInDIr**	
Funktionen:	EmD	Funktionen:	EmF	Funktionen:	InF	Funktionen:	InD
Hauptf.:	Em	Hauptf.:	Em	Hauptf.:	In	Hauptf.:	In
Hilfsf.:	D	Hilfsf.:	F	Hilfsf.:	F	Hilfsf.:	D
tertiäre F.:	F	tertiäre F.:	D	tertiäre F.:	D	tertiäre F.:	F
mind. F.:	In	mind. F.:	In	mind. F.:	Em	mind. F.:	Em
EEmDRa		**EEmFRa**		**EInFRa**		**EInDRa**	
Funktionen:	EmD	Funktionen:	EmF	Funktionen:	InF	Funktionen:	InD
Hauptf.:	D	Hauptf.:	F	Hauptf.:	F	Hauptf.:	D
Hilfsf.:	Em	Hilfsf.:	Em	Hilfs:	In	Hilfs:	In
tertiäre F.:	In	tertiäre F.:	In	tertiäre F.:	Em	tertiäre F.:	Em
mind. F.:	F	mind. F.:	D	mind. F.:	D	mind. F.:	F

und das ist wichtig, verschwindet bei Nichtgebrauch. Auch eine unter- oder unentwickelte Funktion beeinflußt bewußte oder unbewußte Verhaltensweisen des Kindes. Verhaltensweisen, die von einer ungenügend entwickelten Funktion beeinflußt werden, sind jedoch weniger reif und weniger effektiv als jene, die durch eine gut entwickelte Funktion beeinflußt werden. Darum ist es äußerst wichtig, daß Kinder die Möglichkeit haben, ihre bevorzugten Funktionen zu entwickeln. Die in diesem Buch enthaltenen Informationen wollen Erwachsenen helfen, eine Umgebung zu schaffen, die Kinder ermuntert, ihre bevorzugten Funktionen und dadurch ihre natürlichen Gaben zu entwickeln.

Die Persönlichkeitsentwicklung wird mitunter Differenzierung genannt

Die Funktionen liegen zunächst im Unbewußten und werden im Laufe der Entwicklung Teil des Bewußtseins. Jung beschrieb die Entwicklung von Unterschieden als «Aussonderung von Teilen aus einem Ganzen» (§ 704). Wird die Funktion Teil des Bewußtseins, kann man sie lenken. Nach Jung ist nur die Hauptfunktion wirklich lenkbar. Die Hilfs-, tertiären und minderwertigen Funktionen werden nicht vollständig ins Bewußtsein integriert, weil einige Anteile im Unbewußten bleiben. Daher ist die Hauptfunktion meist der führende Teil der Persönlichkeit.

Jung war außerdem der Meinung, daß eine *undifferenzierte* Funktion ambivalent sei. Das wird im Verhalten kleiner Kinder deutlich: Einstellungen sind besser zu erkennen als Funktionen. Es ist leichter, anhand des Verhaltens zu bestimmen, ob ein Kind extravertiert oder introvertiert ist oder ob es einem rationalen oder irrationalen Typ zugehört; denn dabei handelt es sich um Einstellungen. Die Funktionen sind viel schwieriger zu bestimmen – sie hängen mit der Aufnahme und Verarbeitung von Informationen zusammen, und diese Funktionen sind bei Kindern noch undifferenziert. Ein Kind scheint heute die Empfindung und morgen die Intuition zu bevorzugen oder einmal das Fühlen und ein andermal das Denken. Solange die Hauptfunktion nicht differenziert ist, erscheinen alle Funktionen unreif und ambivalent. Erwachsene, die mit Kindern arbeiten, müssen verstehen, daß die Persönlichkeit nur dann wachsen und sich entwickeln kann, wenn ein Kind reichlich Gelegenheit hat, alle Funktionen zu erforschen, bis sich auf natürliche Weise eine Neigung zu einer Funktion herausbildet. Das «Üben» mit verschiedenen Funktionen erleichtert die Differenzierung.

Funktionen können sich nicht gleichzeitig entwickeln

Manchmal wird die Frage aufgeworfen, ob es nicht besser wäre, alle Funktionen gleichzeitig zu entwickeln. Sollen wir beispielsweise Empfindung, Intuition, Fühlen und Denken dadurch entwickeln, daß wir jeder Funktion gleichzeitig ein wenig Spielraum geben? Nach Jung können die Funktionen nicht gleichzeitig entwickelt werden, die normale Entwicklung des Individuums werde dadurch gestört. Es ist besser, wenn die Hauptfunktion sich entwickelt und die Persönlichkeit dominiert, solange ein Kind sich in sozialer Hinsicht noch entwickelt. Der wirksame Gebrauch einer Funktion ist besser als der untaugliche Gebrauch aller unterentwickelten Funktionen.

Stellen Sie sich beispielsweise vor, Sie befinden sich in einem Publikum und hören vier Rednern zu, die etwas Wichtiges zu sagen haben. Alle vier sprechen gleichzeitig. Die meisten Leute werden feststellen, daß sie ein wenig von diesem und ein wenig von einem anderen Redner mitbekommen – aber kaum jemand kann allen vier Rednern gleichzeitig zuhören und die ganze Botschaft verstehen. Der Versuch, alle vier Funktionen gleichzeitig zu entwickeln, ähnelt dem Versuch, vier Menschen zuzuhören, die gleichzeitig sprechen. Wenn eine Funktion genügend entwickelt ist, um die Persönlichkeit zu führen, kennt der Mensch seine Richtung besser.

Jeder Mensch hat eine Präferenz entweder für die Extraversion oder die Introversion. Das ist bei Kindern besonders leicht erkennbar, weil die Funktionen noch nicht differenziert sind. Wenn Menschen sich entwickeln, wird der Prozeß komplexer, aber niemand ist nur extravertiert oder nur introvertiert. Was die sechzehn Persönlichkeitstypen angeht, so ist eine Funktion extravertiert und die andere introvertiert. Ist die Hauptfunktion extravertiert, so ist die Hilfsfunktion introvertiert. Wenn die Hauptfunktion introvertiert ist, ist die Hilfsfunktion extravertiert. Auf diese Weise ist die Persönlichkeit ausgeglichen. Jeder der sechzehn Typen hat als Haupt- und Hilfsfunktion eine irrationale (Empfinden oder Intuition) und eine rationale Funktion (Denken oder Fühlen); eine von ihnen ist extravertiert, und die andere ist introvertiert. Die Tatsache, dass es sich dabei sowohl um eine irrationale wie auch um eine rationale Funktion handelt, sorgt ebenfalls für eine ausgeglichene Persönlichkeitsentwicklung.

Die Funktionen entwickeln sich durch Übung

Wie entwickelt sich nun eine Funktion, und wie wird sie differenziert? Myers (1980) erläutert, daß jedes Individuum eine Funktion entwickelt, indem es sie immer wieder benutzt. Wir müssen Kindern die Möglichkeit geben, eine Funktion im täglichen Leben zu üben, damit sie sich entwickeln kann. Das gilt sowohl für die Hauptfunktion wie auch für die Hilfsfunktion. Nehmen wir beispielsweise an, die Hauptfunktion eines Kindes sei das Fühlen. Das Kind ist sicher, daß «Fühlen» seine Präferenz korrekt beschreibt, und es fühlt sich wohl dabei.

Fühlen ist eine rationale Funktion. Wenn diese identifiziert ist, versucht die Persönlichkeit, die Entwicklung auszubalancieren, indem sie sich auf die irrationalen Funktionen (Empfinden und Intuition) konzentriert. Die Energie des Kindes fließt vermehrt in die Empfindung und in die Intuition, und es achtet mehr darauf, wie es Informationen aufnimmt. Vielleicht versucht das Kind es heute mit einer empfindenden Orientierung und morgen mit einer intuitiven, oder es benutzt die Empfindung längere Zeit – bis zu einem Jahr –, bevor es «umschaltet» und ebensolange der Intuition den Vorzug gibt. Seine Bemerkungen und Handlungen drehen sich jetzt häufiger um das Wahrnehmen von Informationen. Diese verstärkte Konzentration der Energie auf die irrationalen Funktionen könnte einen Beobachter, der mit dem Kind nicht sehr vertraut ist, zur Annahme veranlassen, daß nun entweder Empfindung oder Intuition die Hauptfunktion sei, weil sie im Zentrum des kindlichen Interesses stehen. Aber das Kind ist nicht dabei, eine Hauptfunktion zu wechseln; es entwickelt vielmehr eine Präferenz für die Hilfsfunktion. Ständiges Üben ist notwendig, damit sich diese entwickeln kann, und dasselbe gilt für die Hauptfunktion. Da ein Kind Übung braucht, um Präferenzen zu entwickeln, können wir seine Präferenz nicht bestimmen, wenn wir nur einige wenige Verhaltensweisen beobachten. Ein Beobachter kann die Präferenz eines Kindes in einer bestimmten Situation feststellen, er kann aber nicht herausfinden, ob es eine Haupt- oder eine Hilfsfunktion benutzt. Erst wenn man seine bevorzugten Funktionen über einen längeren Zeitraum hinweg kennt, vermag man Einblick in die wahren Persönlichkeitspräferenzen eines Kindes zu erlangen.

Damit der Typ sich entwickeln kann, muß ein Kind die Freiheit haben, Typenpräferenzen auszudrücken

Wenn die natürliche Präferenz eines Kindes zu Hause oder in der Schule nicht geschätzt und respektiert wird, kann das dazu führen, daß es sich anders verhält. Das kommt beispielsweise vor, wenn introvertierte Eltern ihrem Kind die Schwierigkeiten ersparen wollen, die sie selbst als introvertierte Kinder erlebt haben, oder wenn extravertierte Eltern die Bedürfnisse eines introvertierten Kindes einfach nicht verstehen. Wenn Erwachsene extravertierte Verhaltensweisen eines introvertierten Kindes fördern oder belohnen, verstärken sie diese Verhaltensweisen, und bald können sie feststellen, daß das Kind sich häufiger extravertiert benimmt. Bei solchen Kindern ändert die natürliche Neigung zur Introversion sich jedoch nicht.

Es kann zum Beispiel sein, daß extravertierte Eltern glauben, es sei wichtig für ihr Kind, außer Haus möglichst aktiv zu sein, damit es viele verschiedene Erfahrungen sammelt und unterschiedlichen Menschen begegnet. Diese Eltern schicken ihr Kind zum Fußball- und Softballspielen, zum Tanzen, in Jugendgruppen, zu den Pfadfindern und in die Musikstunde. Vorher fragen sie das Kind jedesmal: «Möchtest du das machen?» Wenn das Kind den Eltern einen Gefallen tun möchte, sagt es ja, selbst wenn es all diese Aktivitäten unausstehlich findet. Es gewöhnt sich ein Verhalten an, das aber ein falsches Bild liefert. Ein introvertiertes Kind wird sich extravertiert verhalten, wenn dies den Eltern offensichtlich gefällt. Seine introvertierten Merkmale werden aber wieder ans Licht kommen, sobald sein introvertiertes Verhalten akzeptiert wird. Es ist frustrierend, das Leben mit einer aufgezwungenen Einstellung oder Funktion zu bestreiten, die einem nicht liegt, darum gerät ein introvertiertes Kind in eine Streßsituation, wenn die Eltern von ihm ein vorwiegend extravertiertes Verhalten erwarten. Dieser Streß sucht sich ein Ventil und kann in Form von Symptomen in Erscheinung treten.

Zusammenfassung

Das Wissen um die in der Typenlehre verwendeten Begriffe und um die Entwicklung des Typs ist der erste Schritt, wenn wir die Unterschiede zwischen Erwachsenen und Kindern studieren wollen. Detaillierte Beschreibungen aller Einstellungen und Funktionen finden Sie in den nächsten Kapiteln. Eine Aufzählung der typischen Merkmale kann irreführen, wenn wir nicht verstehen, wie der Typ sich bei Kindern entwickelt. Wir können zwar diese Merkmale untersuchen, bevor wir die Entwicklung studieren, aber wir müssen sowohl die Entwicklung des Typs als auch seine Merkmale kennen, wenn wir mit Hilfe der Typenlehre die Beziehung zwischen Erwachsenen und Kindern verbessern wollen.

- Präferenzen hindern Menschen nicht daran, Einstellungen und Funktionen anzuwenden, die sie nicht bevorzugen.
- Der Typ entwickelt sich während des ganzen Lebens.
- Die Einstellungen (Extraversion/Introversion und Rational/Irrational) treten schon in einem frühen Alter hervor und scheinen sich nicht zu ändern.
- Die vier Funktionen (Empfinden/Intuieren und Denken/Fühlen) entwickeln sich offenbar während der gesamten Lebenszeit.
- Die Hauptfunktion entwickelt sich zuerst, gefolgt von der Hilfsfunktion, der tertiären und als letzter der minderwertigen Funktion.
- Eine Persönlichkeit ist in jeder Hinsicht ausgewogen: Eine irrationale (wahrnehmende) und eine rationale (urteilende)

Funktion bilden die Haupt- und die Hilfsfunktion. Eine dieser Funktionen ist extravertiert, die andere introvertiert.

- Menschen vom gleichen Typ verhalten sich möglicherweise aufgrund von Umwelteinflüssen unterschiedlich.
- Der Differenzierungsprozeß dauert während des ganzen Lebens an. Er zeigt, wie Funktionen sich aus dem Unbewußten ins Bewußtsein verlagern. Die Differenzierung ermöglicht es einer Funktion, sich als Hauptfunktion zur Führerin der Persönlichkeit zu entwickeln.
- Die Funktionen entwickeln sich, wenn man die Möglichkeit hat, sie im täglichen Leben anzuwenden.
- Um das Verhältnis zwischen Kindern und Erwachsenen zu verbessern, müssen wir die Typenmerkmale *und* die Typenentwicklung verstehen.

Kapitel 3

Die Interaktion mit der Welt: Extraversion und Introversion

Schon bei sehr kleinen Kindern können wir extravertierte und introvertierte Einstellungen leicht beobachten. Das extravertierte Kind möchte sich mit der Welt auseinandersetzen, und oft faßt es Dinge an, bevor es daran denkt, um Erlaubnis zu fragen. Extravertierte wollen etwas erleben, und sie sprechen gerne über ihre Erlebnisse. In der Schule begreifen sie Informationen besser, wenn sie oft darüber diskutieren dürfen. Die aktive Auseinandersetzung mit der Welt gibt Extravertierten Energie.

Introvertierte Kinder beobachten lieber, bevor sie handeln. «Erst mal sehen» scheint ihr Motto zu sein. Häufig teilen sie ihre Ideen erst mit, wenn sie sie gut durchdacht haben. In der Schule melden Extravertierte sich oft schon, wenn sie ihre Gedanken noch formen, während Introvertierte warten, bis ihre Ideen Gestalt angenommen haben. Das introvertierte Kind schöpft Energie aus der Introspektion.

Die Präferenz eines Kindes für Extraversion oder Introversion beeinflußt das gesamte tägliche Leben. Einige Konflikte zwischen Eltern und Kindern oder zwischen Lehrern und Schülern lassen sich auf Unterschiede in diesen Einstellungen zurückführen. Der Konflikt dreht sich eher darum, wie das Kind sich verhält, als um Denkinhalte. Menschen, die sich ein aufgeschlossenes, geselliges Kind wünschen, beunruhigt es möglicherweise, daß ein introvertiertes Kind die Neigung hat, neue und ungewohnte Situationen zu meiden. Wer von einem Kind erwartet, daß es erst zuhört, bevor es spricht, ärgert sich vielleicht über ein extravertiertes Kind, das andere mit Fragen

Tabelle 3: Typische Merkmale der Extraversion und der Introversion

Kinder mit einer Neigung zur Extraversion (E)	**Kinder mit einer Neigung zur Introversion (I)**
– mögen Abwechslung und Aktivität	– sind gerne allein oder in kleinen Gruppen aktiv
– lernen besser, wenn sie über den Lernstoff sprechen dürfen	– schöpfen Energie aus Ideen
– sind energievoll und begeistert, wenn sie aktiv sein dürfen	– denken, bevor sie handeln
– lassen sich von Aktivitäten in der Umwelt stimulieren und reagieren gut darauf	– denken gründlich über Ideen nach, bevor sie darüber sprechen
– lassen sich leicht ablenken	– warten meist darauf, daß andere den ersten Schritt tun
– sind meist freundlich, gesprächig und aufgeschlossen	– beobachten gerne, bevor sie etwas ausprobieren
– handeln oft, bevor sie nachdenken	– teilen Gedanken und Gefühle nicht gerne mit anderen
– schöpfen Energie aus der Interaktion mit anderen	– brauchen Zeit für sich selbst
– sprechen mitunter über ihre Ideen, ehe sie gründlich darüber nachgedacht haben	– mögen Unterbrechungen nicht
– benötigen weniger «Bedenkzeit» zwischen Frage und Antwort als Introvertierte	– warten ab, bevor sie Fragen beantworten, und brauchen mehr «Bedenkzeit» als Extravertierte
	– können Ablenkungen ignorieren
	– machen manchmal einen zurückhaltenden und stillen Eindruck

und/oder Kommentaren unterbricht. Wenn die natürliche Präferenz eines Kindes nicht die Erwartungen der Eltern oder Lehrer erfüllt, können Konflikte die Folge sein.

Tabelle 3 enthält eine Liste der typischen Merkmale extravertierter und introvertierter Kinder. Natürlich können solche

Beschreibungen irreführend sein, wenn man sie aus dem Zusammenhang reißt. Betrachten Sie diese Merkmale als Beispiele für mögliche Verhaltensweisen von Kindern mit diesen Präferenzen, nicht als absolute Kriterien dafür. Diese Beschreibungen können Erwachsenen helfen, sich der Bandbreite möglicher Verhaltensweisen extravertierter und introvertierter Kinder bewußt zu werden. Benutzen Sie sie aber nicht, um die Einzigartigkeit eines Kindes zu unterdrücken.

Auf Beispiele für die Anwendung der Typenlehre zu Hause folgen Beispiele für ihre Anwendung in der Schule. Manchmal sind die Beispiele allgemeiner Art und gelten sowohl für zu Hause als auch für die Schule.

Extravertierte und Introvertierte drücken Gedanken zu verschiedenen Zeiten aus

Das Verhalten zu Hause

Extravertierte Kinder sind zu Hause meist gesprächiger als introvertierte; manche reden sogar «wie ein Wasserfall». Wenn extravertierte Kinder älter werden, sind ihre Meinungsäußerungen nicht immer willkommen. In den ersten Klassen des Gymnasiums sagen Kinder manches, was sie nicht zu Ende gedacht haben. Eltern, die auf unausgegorene Ideen extravertierter Teenager überreagieren, zwingen sie möglicherweise unabsichtlich, Standpunkte zu verteidigen, die gar nicht ihre abschließende Meinung darstellen. Da Extravertierte oft reden, bevor sie denken, würden sie manche Worte im nachhinein gerne zurücknehmen. Wenn ein extravertiertes Kind eine Bemerkung macht, sollten Eltern sich überlegen, ob es sich um eine abschließende Meinung handelt, ehe sie darauf reagieren. Sie können zum Beispiel fragen: «Meinst du das wirklich so? Ist das dein letztes Wort?» Wenn die Antwort «ja» lautet, können sie darauf reagieren. Wenn nicht, können sie eine voreilige Reaktion vermeiden.

Eltern merken oft, wieviel Energie ein extravertiertes Kind besitzt; aber mitunter wissen sie nicht, wie diese Energie sich nutzen läßt. Ein extravertiertes Kind zum «Stillsitzen» aufzufordern, wenn etwas Aufregendes geschieht, gleicht dem Versuch, einen Schnellzug durch Handzeichen anzuhalten. Es widerspricht der Natur eines Extravertierten, sich ruhig zurückzulehnen und zu warten, bis etwas geschieht. Sinnvoller wäre es, mit dem extravertierten Kind über das interessante Ereignis zu reden, damit es seiner Erregung auf akzeptable Weise Ausdruck verleihen kann.

Das Verhalten in der Schule

Während eines Workshops konnten Lehrer anhand praktischer Beispiele lernen, wie man extravertierte Kinder fragt, ob sie wirklich meinen, was sie sagen. Die Schulglocke läutete, und die Lehrer kehrten für etwa fünfzehn Minuten in ihre Klassen zurück, bevor sie sich wieder zum Workshop trafen. In dieser Viertelstunde sagte ein Mittelschüler, der gebeten wurde, ins Rektorat zu gehen: «Du kannst mich mal!» Der Lehrer erinnerte sich daran, daß Extravertierte mitunter herausplatzen, ehe sie richtig nachdenken, und darum fragte er: «Meinst du das wirklich ernst?» Der Schüler antwortete: «Nein. Ich habe keine Ahnung, warum ich das gesagt habe.» Lehrer und Schüler konnten also ein kleines Problem lösen, das sich zu einer «Staatsaffäre» hätte ausweiten können, wenn der Erzieher die Bemerkung des Schülers ernster genommen hätte, als sie gemeint war.

Extravertierte Kinder möchten ihre Ideen unbedingt mitteilen. Kleine extravertierte Kinder platzen im Klassenzimmer oft mit einer Antwort heraus, bevor der Lehrer sie aufgerufen hat, und man muß sie immer wieder ermahnen: «Warte bitte, bis ich dich aufrufe.» Wenn der Lehrer sich dann dem extravertierten

Kind zuwendet, hat es oft schon vergessen, was eben noch so wichtig war. Manche Erwachsene glauben, ein Kind müsse sich an wichtige Dinge erinnern, weil sie selbst sich als Kinder daran erinnert haben. Doch das Gedächtnis extravertierter Kinder wird ständig von einer Fülle neuer Gedanken und Reize gestört, und wenn ein Kind eine Idee vergißt, so bedeutet das nicht unbedingt, daß sie unwichtig war. Es bedeutet nur, daß wir kleinen extravertierten Kindern beibringen müssen, wie sie ihre Gedanken zurückhalten können, bis sie sie äußern dürfen. In einem späteren Kapitel werden wir untersuchen, wie Erwachsene ein positives Verhältnis zu introvertierten und extravertierten Kindern aufbauen können.

Wie Kinder mit Ablenkungen umgehen, hängt von ihrem Typ ab

Das Verhalten zu Hause

Eltern fragen sich oft, ob sie ihren Kindern erlauben sollen, während der Schularbeiten fernzusehen. Da extravertierte und introvertierte Kinder unterschiedlich auf Ablenkungen reagieren, ist es nicht unbedingt fair, sie gleich zu behandeln. Die Erfahrung lehrt, daß Introvertierte sich nicht gerne stören lassen und lieber in einer ruhigen Umgebung arbeiten. Extravertierte freuen sich dagegen über Ablenkungen. Erwähnenswert ist auch, daß Introvertierte sich zwar zunächst über Störungen ärgern, sie aber wenn nötig ignorieren und konzentriert weitermachen können. Manche introvertierte Kinder, die gleichzeitig Fühltypen sind und die zusammen mit anderen arbeiten wollen, machen ihre Hausaufgaben vor dem Fernsehgerät. Da sie Störungen abblocken können, sind sie in der Lage zu arbeiten, während der Fernseher oder das Radio läuft. Extravertierte lieben Ablenkungen, es fällt ihnen aber schwer, sich dennoch zu konzentrieren. Eine ruhige Umgebung ist für sie besser geeignet.

Manche Eltern werden aus alldem den Schluß ziehen, man solle Extravertierten verbieten, Hausaufgaben bei eingeschaltetem Fernseher oder Radio zu machen, während man es Introvertierten erlauben könne. In Wirklichkeit hängt das zumindest teilweise von der Art der Hausarbeit ab; denn bei manchen Aufgaben handelt es sich nur um die Wiederholung eines Stoffs, der nicht viel Konzentration und Denkarbeit verlangt. Wenn ein extravertiertes Kind an einer Hausaufgabe sitzt, die Konzentration erfordert, braucht es eine ruhige Umgebung. Ist für die Arbeit nur eine geringe Konzentration erforderlich, kann es sie wahrscheinlich vor dem Fernseher bewältigen.

Eltern können folgende Regel aufstellen: Wenn ein Kind seine Hausarbeit vor dem Fernseher macht und sie nach einer Stunde noch nicht abgeschlossen hat, muß es das Zimmer verlassen und in einem anderen Raum weiterarbeiten, wo es nicht abgelenkt wird. Wenn Extravertierte sich wirklich konzentrieren müssen, suchen sie wahrscheinlich selbst einen ruhigen Platz und beklagen sich über Familienmitglieder, die zuviel Lärm machen. Wenn ein Kind heute abend Ruhe braucht, heißt das jedoch nicht, daß es jeden Abend Ruhe braucht. Die erforderliche Konzentration hängt von der Schwierigkeit der Aufgabe ab.

Es ist wichtig, daß wir den Drang des extravertierten Kindes respektieren, alles aufzunehmen, was vor sich geht. Das bedeutet, daß wir nur dann über wichtige Themen reden, wenn das Kind nicht abgelenkt werden kann. Wenn wir wollen, daß das Kind über ein Gespräch nachdenkt, sollten wir uns nicht gerade im Vergnügungspark mit ihm unterhalten.

Das Verhalten in der Schule

In der Schule nehmen extravertierte Kinder gerne jede Gelegenheit wahr, zu beobachten, zuzuschauen und zu interagieren. Sie möchten im Zentrum des Geschehens stehen, einerlei, was passiert, und sie lassen sich leicht ablenken, wenn sie in der

Nähe der Tür oder eines Fensters sitzen. Kritisch wird es nur, wenn sie sich *konzentrieren* müssen. Wenn zwei extravertierte Schüler an der gleichen Aufgabe arbeiten, sind Ablenkungen für den einen vielleicht kein Problem, weil der Test für ihn leicht ist. Dem zweiten fällt die Aufgabe möglicherweise schwer, und darum reißt ihn jede Bewegung aus der notwendigen Konzentration. Es genügt nicht, einen Extravertierten aufzufordern, er solle «sich zusammennehmen».

Introvertierte und Extravertierte reagieren verschieden auf Interaktionen

Das Verhalten zu Hause

Introvertierte Kinder wollen häufig eine Weile allein sein, wenn sie von der Schule nach Hause kommen. Eltern, die das nicht verstehen, zwingen ihren Kindern zuweilen Gesellschaft auf. Manche Eltern sind so begierig zu hören, wie es ihrem Kind in der Schule ergangen ist, daß sie es mit Fragen überhäufen. Für das introvertierte Kind kann es anstrengend sein, den ganzen Tag mit anderen verbringen zu müssen, und oft braucht es ein wenig Zeit für sich selbst, bevor es wieder Gesellschaft sucht. Ohne den Grund dafür zu kennen, neigen manche Introvertierte dazu, auf bohrende Fragen kurzangebundene Antworten zu geben. Das irritiert manche Eltern, und vielleicht mißdeuten sie dieses Verhalten als Zurückweisung oder Verschlossenheit und befürchten, das Kind habe Kommunikationsprobleme. Einige introvertierte Kinder reden pausenlos, nachdem sie eine Stunde allein verbringen und sich sammeln konnten.

Mitunter antworten introvertierte Kinder nicht sofort auf eine Frage, oder sie halten mit ihren Ideen zurück, bis man ihnen beweist, daß eine andere Idee besser ist. Diese Kinder werden «stur» genannt. Doch Introvertierte müssen neue Informationen erst mit alten Ideen in Einklang bringen, bevor sie die Veränderung akzeptieren. Dieser Prozeß geschieht nicht spontan. Da Introvertierte nicht «laut denken», kennen Erwachsene ihre Gedanken nicht – alles, was Eltern und Lehrer mitbekommen, ist Stille. Diese Stille wird oft als Halsstarrigkeit, Eigensinn oder Begriffsstutzigkeit fehlgedeutet. In Wirklichkeit verschafft die Stille dem Introvertierten die Zeit, die er benötigt, um die neue Information zu verarbeiten.

Extravertierte Kinder kommen vielleicht nach Hause und reden auf jeden ein, der bereit ist, ihnen zuzuhören. Manchmal haben sie dabei kein bestimmtes Thema im Sinn – sie wollen nur Gedanken austauschen. Am Ende eines Schultages möchte ein extravertiertes Kind etwas unternehmen, und Hausaufgaben zu machen, bevor es spielen darf, ist das Schlimmste, was ihm widerfahren kann.

Das Verhalten in der Schule

Lehrer, die von einem extravertierten Kind verlangen, das Klassenzimmer zu betreten, sich zu setzen und stumm mit der Arbeit zu beginnen, erwarten von ihm, gegen seine Natur zu handeln. Extravertierte brauchen etwas Zeit, um Klassenkameraden zu begrüßen. Wenn wir Kindern erlauben, mit anderen Kontakt aufzunehmen, bevor sie für sich allein arbeiten, respektieren wir dieses extravertierte Bedürfnis nach Interaktion.

Unter guten Freunden verhalten Introvertierte sich scheinbar extravertiert, und sie genießen die Interaktion ebensosehr. Der Unterschied liegt offenbar darin, daß der Introvertierte *sich freut,* wenn er mit Freunden zusammensein kann, während der Extravertierte solche Interaktionen *braucht.*

Extravertierte sind mitteilsam. Wenn sie Ideen haben, äußern sie sie, und da die Ideen noch keine feste Gestalt angenommen haben, sind die Gedankengänge nicht immer präzise. Ein Extravertierter läßt sich nicht gerne durch Fragen unterbrechen, wenn die Ideen fließen. Er möchte den Denkprozeß nicht abbrechen, um sich auf die Fragen zu konzentrieren; das irritiert ihn. Es ist besser, zu warten, bis er eine Pause macht, und ihm dann Fragen zu stellen.

Introvertierte und Extravertierte verhalten sich bei Gruppengesprächen unterschiedlich

Das Verhalten zu Hause und in der Schule

Wenn man Kinder auffordert, sich einer Gruppe anzuschließen, übernehmen Introvertierte selten die Führung. Das gilt vor allem dann, wenn das Gruppenziel unklar ist. Extravertierte sind eher bereit, die Initiative zu ergreifen und Neues auszuprobieren. Manchmal sorgen Extravertierte in einer Gruppe für ein derart schnelles Gesprächstempo, daß Introvertierte sich nicht trauen, die notwendigen Unterbrechungen zu veranlassen, um sich am Gespräch beteiligen zu können. Introvertierte brauchen ein wenig Stille als Türöffner. Da Extravertierte mitunter ungehalten sind, wenn ein Gespräch unterbrochen wird, kommt es vor, daß sie in einer Gruppe mehr Fragen stellen und häufiger die Meinung äußern, um die Konversation in Gang zu halten. Leider würgen sie die Unterhaltung dadurch erst recht ab, weil die Introvertierten unter diesen Umständen stumm bleiben. Wenn ein Extravertierter spricht und ein anderer ihm ins Wort fällt, sieht der erste darin vielleicht eine Aufforderung weiterzureden, weil der andere offenbar ebenfalls am Thema interessiert ist. Wird ein Introvertierter von einem begeisterten Extravertierten unterbrochen, der seine Ideen vortragen möchte, hört er oft auf zu reden, weil er den Eindruck hat, daß seine Meinung nicht gefragt ist. Manche Extravertierte, die das Gespräch ankurbeln wollen, sind überrascht, wenn sie erfahren, daß sie das genaue Gegenteil bewirken, wenn sie mit Introvertierten reden.

Die Wartezeit unterscheidet sich bei Extravertierten und Introvertierten erheblich. Manche Extravertierte meinen, daß ein Gesprächspartner, der nichts sagt, auch nichts zu sagen hat; sie verstehen also das Schweigen der Introvertierten als Zustimmung oder Indifferenz. Introvertierte sehen sich oft außerstande, ihre Gedanken zu äußern, weil diese noch nicht ausgereift sind. Sie denken mitunter stunden- oder tagelang darüber nach, was sie hätten sagen können oder sollen. In einem Comic strip ist diese Tendenz der Introvertierten gut dargestellt. Die Hauptfigur sagt: «Wahrscheinlich würde ich öfter recht behalten, wenn ich ein bißchen weniger Zeit brauchte, um meine schnippischen Bemerkungen zu machen.»

Die Art und Weise einer Diskussion und deren Tempo entsprechen nicht immer den Erwartungen des Lehrers

Das Verhalten in der Schule

Extravertierte Kinder müssen manchmal feststellen, daß ihr Lernverhalten von den Lehrern nicht immer geschätzt wird. Extravertierte lernen besser, wenn sie über den Lernstoff sprechen dürfen; sie können ihn dann leichter verarbeiten und erinnern sich besser daran. Wenn sie stumm im Klassenzimmer sitzen und sich Vorlesungen anhören müssen, suchen sie nach anderen Wegen, ihre Gedanken zu äußern, zum Beispiel, indem sie mit Freunden reden.

Ein extravertierter Junge in der ersten Klasse wurde nach hinten «strafversetzt», weil er sich immer wieder mit Freunden unterhalten hatte. Am nächsten Tag bekam er Ärger, weil er quer durchs Klassenzimmer rief. Zu seiner Verteidigung erklärte er, er habe rufen müssen, «weil der Lehrer mich nach hinten gesetzt hat und meine Freunde mich jetzt nur hören können, wenn ich lauter spreche». Anscheinend dachte er nicht mehr daran, daß man ihn gerade wegen dieses Verhaltens bestraft hatte. Sein Bedürfnis, mit Freunden zu sprechen, war so stark, daß er sich über jede Entfernung hinwegsetzte. Manche Lehrer bringen Kindern bei, wie sie sich durch einfache Zeichen mit anderen verständigen können, ohne den Unterricht zu stören. Viele Lehrer fühlen sich nicht durch das Kommunikationsbedürfnis der Schüler gestört, sondern durch die lautstarken Gespräche, mit denen dieses Mitteilungsbedürfnis befriedigt wird. Zeichensprache kann dazu beitragen, das Problem zu lösen.

Lehrer, die sich bemühen, eine angeregte Diskussion in Gang zu bringen, sind mitunter irritiert, wenn Introvertierte sich nur zögernd beteiligen. Manchmal halten sie dieses Zögern für Schüchternheit und versuchen, das Kind aufzumuntern: «Sei nicht so schüchtern», «Sag ruhig, was du denkst» oder «Wir sind doch hier unter uns. Wir wollen nur deine Meinung hören.» Wenn introvertierte Kinder mit ihrer Meinung zurückhalten, so handelt es sich nicht nur um Schüchternheit. Viel häufiger zögern sie, weil sie ihre Gedanken noch nicht klar formuliert haben. Wenn der Lehrer alle seine «aufmunternden» Bemerkungen vorgetragen hat, ist dem introvertierten Kind vielleicht eingefallen, was es sagen könnte, selbst wenn die Idee noch nicht ausgereift ist. Und weil das Kind geantwortet hat, nimmt der Lehrer nun erst recht an, es habe zunächst aus Schüchternheit gezögert.

Extravertierte Lehrer finden es anstrengend, eine Diskussion mit Introvertierten zu leiten, und introvertierten Lehrern fällt es schwer, das Thema einer Diskussion zu bestimmen, wenn eine Gruppe von Extravertierten erst einmal losgelegt hat. Solche Schwierigkeiten lassen sich leichter lösen, wenn der Lehrer weiß, welchen Einfluß Extraversion und Introversion auf die Interaktionen in einer Gruppe haben. Man kann Extravertierten und Introvertierten zum Beispiel dadurch helfen, daß man ihnen Signalkarten gibt. Eine Seite der Karte wird grün, die andere rot markiert. Wenn die Gruppe über ein Thema diskutiert, kann ein Kind mit der grünen Seite mitteilen, daß es etwas sagen möchte, und mit der roten Seite kann es ausdrücken, daß es noch am Überlegen ist. Rot sollte nicht bedeuten, daß das Kind nichts zu sagen hat, sondern besser, daß es dabei ist, Gedanken zu formulieren. Der Lehrer kann Schüler mit grünen Karten zuerst aufrufen, und Kinder der unteren Klassen brauchen nicht mehr mit der Hand zu winken.

Zusammenfassung

Die introvertierte und die extravertierte Einstellung beschreiben wichtige Unterschiede zwischen Menschen, die miteinander zu tun haben. Die Kenntnis dieser Unterschiede erleichtert das Zusammenleben.

- Nicht jedes Kind zeigt die häufig beobachteten Verhaltensweisen seines Typs.
- Extravertierte äußern auch unausgereifte Gedanken. Introvertierte warten, bis ihre Gedanken Gestalt angenommen haben.
- Der Einfluss von Ablenkungen auf ein Kind, das Schularbeiten macht, hängt einerseits von seinem Typ und anderseits von der Schwierigkeit der Aufgaben ab.
- Extravertierte finden Interaktionen mit anderen anregend, Introvertierte finden sie anstrengend.
- Wenn mehrere Extravertierte gleichzeitig reden, kann dies die Unterhaltung stimulieren. Wenn Extravertierte einem Introvertierten ins Wort fallen, würgen sie dadurch oft das Gespräch ab.

Kapitel 4

Die Wahrnehmung der Welt: Empfindung und Intuition

Empfindung und Intuition sind irrationale Funktionen, die beschreiben, wie ein Mensch Informationen verarbeitet. Empfindende Kinder nehmen Informationen durch die fünf Sinne auf. Sie achten auf Details und richten sich bei ihren Schlußfolgerungen nach der Reihenfolge der Informationen. Auch Intuitive nehmen Informationen durch die fünf Sinne auf; aber sie geben sich größere Mühe, die Daten neu zu ordnen und daraus Muster zu bilden. Der Intuitive hat eine ganzheitliche und globale Perspektive und blickt in die Zukunft, während der Empfindende die Einzelheiten und Besonderheiten untersucht und sich mehr mit der Gegenwart beschäftigt. Tabelle 4 zeigt, wie diese Unterschiede sich auf die Eltern-Kind- und Lehrer-Kind-Interaktion auswirken. Es handelt sich nur um Beispiele, die nicht dazu dienen sollten, Eigenheiten zu unterdrücken.

Empfindende und intuitive Kinder arbeiten in verschiedenem Tempo

Das Verhalten zu Hause und in der Schule

Empfindende Kinder arbeiten meist gleichmäßig, bis sie ihre Arbeit beendet haben. Wenn Kinder für eine Arbeit sechs Wochen Zeit haben, teilen empfindende Kinder sich den Stoff ein und arbeiten jeden Abend ein wenig, vor allem, wenn sie auch eine rationale Tendenz haben. Intuitive Kinder arbeiten vielleicht heute ein bißchen, morgen überhaupt nicht, an den zwei folgenden Tagen intensiv und so weiter. Den produktiven Energieausbrüchen folgt also wenig ergiebige Energielosigkeit.

Tabelle 4: Typische Merkmale empfindender und intuitiver Kinder

Kinder mit einer Neigung zur Empfindung	Kinder mit einer Neigung zur Intuition
– mögen genaue Anleitungen – nutzen lieber Fertigkeiten, die sie bereits erlernt haben – konzentrieren sich auf die Gegenwart – arbeiten gleichmäßig – lernen lieber Schritt für Schritt – verlassen sich beim Lernen lieber auf ihre Erfahrung als auf Bücher – haben ein gutes Gedächtnis für Details – stützen sich auf erprobte Methoden, um Probleme zu lösen – verlangen Fakten und Beispiele, um Probleme zu beschreiben, und mißtrauen vagen Ideen – konzentrieren sich auf das, was ist	– brauchen Gelegenheiten, originell zu sein – mögen Aufgaben, die Phantasie verlangen – lernen lieber neue Fertigkeiten, als vorhandene zu verfeinern – arbeiten, wenn sie «Energieausbrüche» haben, und sind dazwischen weniger produktiv – konzentrieren sich auf die Zukunft – mißachten manchmal Tatsachen oder interpretieren sie falsch – wenden viel Zeit auf, um ein Projekt zu planen, das dann die Erwartungen nicht erfüllt – brauchen Abwechslung – lernen unregelmäßig – stellen sich gerne vor, was sein könnte – mögen keine Routine

Beide Typen nehmen Informationen durch die fünf Sinne auf, verarbeiten sie aber unterschiedlich

Das Verhalten zu Hause und in der Schule

Manchmal ist es schwierig, empfindende von intuitiven Kindern zu unterscheiden, weil die Ergebnisse ihrer Arbeit ähnlich sein können. Beide kommen möglicherweise zum selben

Schluß, jedoch auf verschiedenen Wegen. Ein Bruder und eine Schwester hatten eine ältere Schwester, die das College besuchte und nicht zu Hause wohnte. Eines Tages kam das intuitive Kind von der Schule nach Hause und erkundigte sich: «Wann ist Jane gekommen?» – «Woher weißt du, daß sie da ist?» fragte die Mutter, und das intuitive Kind antwortete: «Das weiß ich nicht – aber sie ist da, stimmt's?» Das empfindende Kind wäre zur gleichen Schlußfolgerung gelangt, hätte die Informationen aber der Reihe nach geordnet und ausgewertet. Es wäre ins Zimmer gekommen, hätte den Pullover der Schwester auf dem Stuhl gesehen und ihr vertrautes Parfüm gerochen und hätte die Mutter gefragt: «Wann ist Jane gekommen?» Das empfindende Kind achtet auf Einzelheiten und zieht daraus Schlüsse. Das intuitive Kind nimmt die Informationen durch die fünf Sinne auf, konzentriert sich jedoch nicht unbedingt auf die Informationen selbst, sondern wertet sie aus und gewinnt daraus einen allgemeinen Eindruck, ohne sich an die Details zu erinnern.

Der schöpferische Prozeß unterscheidet sich bei empfindenden und intuitiven Kindern

Das Verhalten in der Schule

Empfindende und intuitive Kinder sind kreativ, aber auf verschiedene Weise. Empfindende arbeiten vom Besonderen zum Allgemeinen; sie beginnen mit ihrer Erfahrung und suchen nach Wegen, das bereits Vorhandene zu modifizieren. Sie fangen also mit den Teilen an und setzen sie zu einem Ganzen zusammen. Intuitive Kinder arbeiten vom Allgemeinen zum Besonderen; sie beginnen mit dem Ganzen und suchen dann nach den Teilen, die sie benötigen, um das Ganze zu vollenden. Ein Beispiel aus dem Kunstunterricht möge diesen Punkt verdeutlichen.

Die Schüler bekamen ein Blatt Zeichenpapier und wurden gebeten, ein Bild zu zeichnen. Ein intuitives Kind überlegte: «Was soll ich zeichnen? Ich weiß – ein Bild vom Meer. Und was soll ich ins Meer zeichnen? Am besten ein paar Fische und eine Schatztruhe und Algen, dann einen Hai und oben ein Schiff.» Das empfindende Kind begann mit einem Fisch. Da der Fisch ihm gefiel, fügte es Algen hinzu. Dann zeichnete es eine Schatztruhe, einen Hai und ein Boot. Beide Kinder zeichneten ein Bild vom Meer; doch das intuitive Kind fing mit dem Thema an und befaßte sich dann mit den Einzelheiten, während das empfindende Kind mit den Details begann und daraus ein Thema entwickelte.

Empfindende und intuitive Kinder brauchen verschiedene Arten der Hilfe, um ihre Arbeit zu vollenden

Das Verhalten in der Schule

Intuitive Kinder brauchen Hilfe, um aus ihren Entwürfen ein fertiges Produkt zu machen. Empfindende Kinder benötigen Hilfe beim Entwerfen; anschließend sind sie in der Lage, daraus etwas zu entwickeln.

Kleine intuitive Kinder können im Geist ausgeklügelte Pläne schmieden; aber sie sind oft außerstande, daraus etwas zu gestalten, was ihrer Vorstellung entspricht. Sie können entwerfen, verfügen aber noch nicht über die notwendigen Fertigkeiten, um ihre Entwürfe in die Tat umzusetzen. Intuitive Kinder brauchen Hilfe, damit sie lernen, das für ihre genauen Pläne erforderliche Material zu finden und zu benutzen. Wenn eine Arbeit ihren Ansprüchen nicht genügt, sagen sie: «Ich wollte, die Lehrerin könnte sehen, wie ich mir das gedacht habe. Es hätte ihr bestimmt gefallen.»

Empfindenden Kindern fällt es mitunter schwer, ihre Projekte zu planen. Ein weiteres Beispiel aus dem Kunstunterricht hilft, diesen Punkt zu erläutern: Die Schüler sollten eine größere Arbeit abliefern, erhielten aber nur vage Anweisungen und keine Vorlagen. Sie durften das Thema und das Material selbst wählen, und das fertige Werk sollte bei der Festlegung ihrer Semesternote eine erhebliche Rolle spielen. Die empfindenden Schüler hatten Schwierigkeiten – sie wußten nicht, wie sie anfangen sollten. Da die Aufgabenstellung so allgemein war, mußte man ihnen helfen, das Thema einzuengen. Sobald das Thema genauer definiert war, fiel es den Schülern leichter, mit der Arbeit zu beginnen. Im Gegensatz dazu mußte man den intuitiven Schülern helfen, Material zu finden, auszuwählen und zusammenzusetzen.

Intuitive Ahnungen von Kindern unterscheiden sich von intuitiven Ahnungen der Erwachsenen, und die Erfahrungen empfindender Kinder unterscheiden sich von den Erfahrungen empfindender Erwachsener

Das Verhalten zu Hause und in der Schule

Intuitive Kinder unterscheiden sich insofern von intuitiven Erwachsenen, als sie ihren «verrückten» Ideen weniger trauen. Viele erwachsene Intuitive versuchen, empfindende Erwachsene davon zu überzeugen, daß ihre Ideen brauchbar sind – sie glauben an ihre Ideen, Entwürfe und Schlußfolgerungen, noch ehe sie sich mit den Einzelheiten beschäftigt haben. Intuitive Kinder schauen sich um und fragen sich: «Wie kommt es, daß nur ich diese Idee habe? Taugt sie etwas? Oder ist sie verrückt?» Intuitive Kinder fühlen sich etwas unsicher, was die Qualität ihrer intuitiven Gedankensprünge betrifft. Da sich klare Präferenzen erst entwickeln, wenn Kinder alle Funktionen in der Praxis üben, haben Kinder während ihrer ersten Versuche weniger

Selbstvertrauen, und es kann sein, daß sie sich so lange Sorgen machen, bis die Praxis bestätigt, daß ihre instinktiven «Ahnungen» brauchbar sind.

Empfindungstypen benutzen ihre Erfahrung als Grundlage für Schlußfolgerungen. Wenn sie eine bestimmte Erfahrung zum erstenmal machen, sammeln sie Informationen und prägen sich jede Ereignisfolge sorgfältig ein, die zu vernünftigen Ergebnissen geführt hat. Sobald sie im Geist eine Verbindung zwischen der Datensammlung und dem Ergebnis hergestellt haben, verfügen sie über eine Kette von Erinnerungen und verlassen sich in ähnlichen Situationen auf diese Erfahrungen, um Entscheidungen schneller treffen zu können. Erwachsene Empfindungstypen pflegen zu sagen: «Wenn ich bereits etwas Ähnliches getan habe, brauche ich nicht lange nachzudenken.» Wenn ein Kind zum erstenmal mit Brüchen arbeitet, benötigt es vielleicht viele Beispiele und eine Menge Übung; doch wenn ihm das Prinzip klar ist, kann der Lehrer gemischte oder unechte Brüche leichter einführen, weil das Kind über Erfahrungen mit Brüchen verfügt. Je mehr Erfahrung ein Empfindungstyp hat, desto wahrscheinlicher ist es, daß er den Weg vom Besonderen zum Allgemeinen kennt, und je festgefügter dieser Weg ist, desto geringer wird der Bedarf an unmittelbarer Erfahrung. Empfindende Kinder haben wegen ihrer Jugend noch wenig Gelegenheit gehabt, solche Gedankenketten zu bilden. Das bedeutet, daß neuer Lernstoff dem empfindenden Kind größere Schwierigkeiten macht, solange es den Weg der Erfahrung vom Besonderen zum Allgemeinen noch nicht angelegt hat. Da das empfindende Kind nur begrenzte Erfahrungen besitzt, benötigt es oft mehr unmittelbare Erfahrungen als erwachsene Empfindungstypen, damit es die richtige Reihenfolge der notwendigen Schritte lernen kann.

Empfindende und intuitive Kinder benötigen verschiedene Informationen, um mit einer Arbeit anfangen zu können

Das Verhalten zu Hause

Intuitive Kinder wollen den Grundgedanken kennen und befassen sich nicht gerne mit vielen, scheinbar nutzlosen Einzelheiten. Ein intuitives Mädchen war jedesmal enttäuscht, wenn ihre Mutter ihr bei den Mathematikhausarbeiten half. Sie wollte nur einen Aspekt des Problems wissen; aber die Mutter war der Meinung, ihre Tochter müsse jeden einzelnen Schritt verstehen. Was geschah? Das Kind hörte nicht mehr zu, wenn die Mutter ihr sämtliche Schritte erklärte, und paßte erst wieder auf, wenn sie auf ihre ursprüngliche Frage einging. Die Schülerin hatte so viel zu tun, daß sie sich nicht mit zusätzlichen Informationen belasten wollte.

Empfindende und intuitive Kinder lesen anders

Das Verhalten zu Hause und in der Schule

Kinder reagieren unterschiedlich, wenn sie Anweisungen lesen, einen Text überfliegen oder nach Einzelheiten suchen. Manchmal ist das empfindende Kind im Vorteil, manchmal das intuitive. Lehrer, die diese Unterschiede verstehen, können dem einzelnen Schüler besser helfen.

Intuitive Kinder neigen dazu, Anweisungen nicht zu lesen. Viele geben zu, daß sie nur die Lösungsbeispiele lesen und dann selbst herausfinden, was sie zu tun haben. Wenn sie in einer Geschichte auf Passagen stoßen, die auf Einzelheiten eingehen, lassen sie diese meist aus oder lesen sie nur flüchtig. Sie suchen nach dem Leitmotiv der Geschichte, und wenn Details sie diesem Ziel offenbar nicht näherbringen, gehen sie darüber hinweg. Fragt man sie später nach diesen Einzelheiten, so fällt es ihnen schwer, sich daran zu erinnern.

Empfindende Kinder lesen dagegen die ganze Geschichte. Meist fangen sie mit dem ersten Absatz an und lesen weiter bis zum Ende. Da sie nichts überspringen, brauchen sie gewöhnlich länger, um den gleichen Text zu lesen. Wenn intuitive Kinder mit der Lektüre früher fertig sind, nehmen die Empfindungstypen an, sie seien langsam oder dumm. Fragt ein Lehrer das intuitive Kind: «Hast du das Kapitel gelesen?», antwortet dieses ehrlich mit «Ja». Wenn der Lehrer weiterbohrt, um herauszufinden, ob es bestimmte Teile gründlich gelesen hat, entdeckt er höchstwahrscheinlich, daß das intuitive Kind Absätze ausgelassen hat, weil der Grundgedanke ihm klar war – dennoch glaubt das Kind, es habe das Kapitel gelesen. Kinder, die jedes Wort lesen, sind in der Regel Empfindungstypen.

Empfindende Kinder lesen meist auch die Anweisungen, während intuitive Kinder oft annehmen, daß sie ohnehin wissen, was zu tun ist. Intuitive suchen häufiger nach Beispielen und schließen daraus auf den Inhalt der Anweisungen. Empfindende Kinder schätzen Beispiele, weil sie die Anweisungen erläutern; für Intuitive sind Beispiele ein Ersatz für die Anweisung. Lehrer können sich damit trösten, daß zahlreiche Beispiele die Anweisungen für alle Typen verständlicher machen.

Lehrer eröffnen eine Diskussion oft mit einem allgemeinen Überblick über ein Kapitel, oder sie tragen den Schülern auf, das Kapitel daheim zu Ende zu lesen. Das kann ein Nachteil für empfindende Kinder sein, wenn sie das Kapitel noch nicht ganz gelesen haben, da sie ja aus allen Einzelteilen auf den Grundgedanken schließen. Diese Kinder bilden sich ihren allgemeinen Eindruck erst, wenn sie das ganze Kapitel kennen.

Mitunter ist es hilfreich, wenn man empfindende Kinder auffordert, einen einzigen Satz aufzuschreiben, der den soeben gelesenen Abschnitt zusammenfaßt, und erst dann weiterzulesen. Wenn es erlaubt ist, kann man die Kinder auch ermuntern, diesen Satz auf dem Rand zu notieren. Müssen sie dann nach der Lektüre des ganzen Textes Fragen beantworten, können sie anhand dieser zusammenfassenden Sätze herausfinden, wo sie suchen müssen. Empfindende Kinder müssen das Formulieren von Zusammenfassungen üben, während intuitive Kinder eher das Lesen von Einzelheiten üben müssen. Wenn man den Kindern vor dem Lesen sagt, worauf sie sich konzentrieren sollen, fällt ihnen die Aufgabe leichter.

Empfindende und intuitive Schüler unterscheiden sich auch, wenn sie selbst Anweisungen geben. Eine Schülerin beschrieb, wie ihre intuitive Freundin versuchte, ihr das Wasserskilaufen beizubringen: «Nimm das Seil, beug die Knie, halt dich fest, und laß dich vom Boot ziehen.» Als ausgeprägter Empfindungstyp fragte sie ihre Freundin: «*Wie* nimmt man das Seil, *wie* beugt man die Knie, *wie* hält man sich fest, und *wie* läßt man sich vom Boot ziehen?» Da die Freundin keine Einzelheiten genannt hatte, fiel es dem Mädchen schwer, die Anweisungen zu befolgen.

Empfindende Kinder benötigen mehr Einzelheiten als intuitive

Das Verhalten zu Hause und in der Schule

Manchmal haben empfindende Kinder Mühe, einen Gedankengang zu verstehen, weil ein intuitiver Lehrer sie in den Stoff eingeführt hat und zu Hause ein intuitiver Elternteil ihnen zu helfen versucht. Erwachsene, die mit empfindenden Kindern arbeiten, müssen deren Bedürfnis respektieren, der Reihe nach so viele Teilinformationen zu sammeln, wie das Verständnis des Ganzen es erfordert. Empfindende Kinder stellen vielleicht viele Fragen, während ein intuitiver Erwachsener sich bemüht, ihnen etwas zu erklären. Der Erwachsene betrachtet die Fragen möglicherweise als Unterbrechung oder als Verzögerungstaktik.

In Wirklichkeit versetzen sie empfindende Kinder in die Lage, Informationen der Reihe nach zu sammeln, was für sie notwendig ist, um zu verstehen. Wenn empfindende Kinder den Eindruck haben, daß die Informationen lückenhaft sind, stellen sie weitere Fragen.

Erwachsene nehmen oft an, daß Kinder ihre Erläuterungen nicht verstehen, und manche empfindende Kinder kommen sich «doof» vor, weil sie so viele Fragen stellen müssen. In Wahrheit neigen intuitive Erwachsene dazu, nur wenige Einzelheiten zu nennen. Sie haben das Gesamtbild klar vor Augen; aber das empfindende Kind braucht Details, weil es daraus ein Gesamtbild formt. Wenn eine Teilinformation fehlt, gehen intuitive Kinder darüber hinweg und vertrauen darauf, daß die Lücke später geschlossen wird. Empfindende Kinder halten inne und versuchen, die fehlende Information sofort zu bekommen. Wird die Brücke von einer Teilinformation zur nächsten nicht gebaut, fällt es empfindenden Kindern schwer, über die Lücke zu springen und zu einem ihrer Meinung nach unzureichend begründeten Ergebnis zu gelangen. Das Problem liegt weder beim empfindenden Kind noch beim intuitiven Erwachsenen; es liegt in der Kommunikation zwischen beiden.

Wenn empfindende Kinder Fragen stellen, wiederholen intuitive Erwachsene manchmal dieselbe Information langsamer und nachdrücklicher, als habe das Kind sie nicht verstanden. Für den intuitiven Erwachsenen liegt das Problem also beim Empfänger. In Wirklichkeit liegt es auch beim Sender. Intuitive gehen oft nicht genügend ins Detail, wenn sie etwas erklären, und wenn man sie danach drängt, geraten sie mitunter in Verlegenheit, weil sie selbst dazu neigen, Einzelheiten zu übersehen. Darum wiederholen sie gerne dieselben allgemeinen Erklärungen langsam und noch sorgfältiger, um Klarheit zu schaffen. Bei einem empfindenden Kind sind zusätzliche Einzelheiten jedoch der bessere Weg, für Klarheit zu sorgen.

Betrachten wir nun die umgekehrte Kombination: Der Erwachsene ist ein Empfindungstyp, das Kind intuitiv. Hier entsteht ein anderes Kommunikationsproblem. Es besteht die Gefahr, daß der empfindende Erwachsene, ohne es zu wollen, dem intuitiven Kind Zweifel an intuitiven Gedankensprüngen einflößt, und zwar gerade dann, wenn das Kind ohnehin daran zweifelt. Nehmen wir an, ein empfindender Lehrer spricht über einen berühmten Dichter und fragt: «Wie hat er seine Kunst erlernt, ohne eine Schule zu besuchen?» Ein intuitives Kind läßt sich nun verschiedene Möglichkeiten durch den Kopf gehen. Wenn der Lehrer dann fragt: «Welche Tatsachen sprechen für deine Meinung?», gewinnt das Kind den Eindruck, seine Idee sei ohne Beweise nicht gut, und es wechselt von der intuitiven zur empfindenden Denkweise über, um Fakten zu sammeln. Das Problem besteht darin, daß die meisten Intuitiven Daten sammeln, um eine intuitive Idee zu stützen.

Wenn sie Informationen ohne Ziel zusammentragen, wissen sie nicht, welche Information wichtig ist und welche nicht. Das ruft Verwirrung hervor. Ohne es zu wollen, veranlaßt der Lehrer das intuitive Kind, die Intuition aufzugeben und wie ein Empfindungstyp zu denken. Ein intuitives Kind, das an seinen intuitiven Gedankensprüngen bereits zweifelt, befürchtet nun erst recht, voreilige Schlüsse zu ziehen. Alle Schüler sollten lernen, ihre Meinung zu begründen; aber *zuerst* muß der Lehrer den Wert des intuitiven Gedankensprungs bekräftigen. Anstatt anzudeuten, daß eine Idee wertlos ist, solange man sie nicht begründen kann, sollte er sagen: «Das kann durchaus sein. Gibt es noch andere Möglichkeiten?» Damit erkennt er den Wert des intuitiven Gedankensprungs an. Die nächste Frage könnte lauten: «Welche Tatsachen sprechen für deine Meinung?» Der Lehrer anerkennt also zunächst die Intuition und verlangt dann Fakten, die sie stützen, während er ursprünglich nur nach Fakten fragte. Hier zeigt sich wieder, daß alle Kinder leichter lernen, wenn der Lehrer die Informationsverarbeitung intuitiver und empfindender Kinder versteht.

Intuitive und empfindende Kinder lieben Abwechslung

Das Verhalten zu Hause und in der Schule

Freude an der Abwechslung wird meist den Intuitiven zugeschrieben. Wenn wir verstehen wollen, was Abwechslung für beide Typen bedeutet, müssen wir jedoch eine subtile Unterscheidung treffen. Intuitive genießen es offenbar, sich gleichzeitig mit vielen verschiedenen Dingen zu beschäftigen, und sie sind bereit, eine Aktivität zugunsten einer interessanteren aufzugeben. Empfindende Kinder schätzen Abwechslung ebenfalls, aber es ist ihnen lieber, wenn sie der Reihe nach kommt. Wenn ein empfindendes Kind etwas gelernt hat, ist es bereit und begierig, Neues auszuprobieren. Solange es eine bestimmte Aufgabe nicht gelöst hat, möchte es lieber seine ganze Energie dafür einsetzen. Auch Empfindungstypen macht es Spaß, bereits erlernte Fertigkeiten zu üben – aber nur für begrenzte Zeit. Wenn sie eine Aufgabe gemeistert haben, wollen sie meist etwas anderes tun.

Das Bedürfnis des Empfindungstyps nach praktischer Erfahrung ist nicht dasselbe wie das Bedürfnis nach Erfahrung in der konkreten Phase der kognitiven Entwicklung

Das Verhalten in der Schule

Manche verwechseln empfindende Kinder mit Kindern, die sich in der konkreten operationalen Phase ihrer kognitiven Entwicklung (nach Piaget) befinden. In dieser Phase befinden sich die meisten Grundschulkinder.

Kinder in der konkreten Phase des Denkens stützen sich beim Lernen auf ihre Erfahrung. Das empfindende Kind *schätzt* konkrete Erfahrungen; doch dies ist ein heikler Unterschied zwischen beiden. Kinder im konkreten operationalen Stadium sind *von Erfahrungen abhängig,* das heißt, sie können abstrakte Hypothesen nur zu jenen Vorgängen formulieren, die sie selbst erlebt haben. Der Empfindungstyp hängt beim Lernen nicht ausschließlich von seiner Erfahrung ab – er *stützt sich auf Erfahrungen* und benutzt seine Fertigkeiten, um Informationen zu sammeln und dann abstrakte Ideen zu entwickeln. Konkrete Erfahrungen halten ihn nicht davon ab, Informationen mit Hilfe abstrakter Überlegungen zu verarbeiten.

Für manche intuitive Kinder ist es ein Spiel, den Ausgang vorauszusagen

Das Verhalten zu Hause und in der Schule

Manche intuitive Kinder sind stolz darauf, daß sie «raten» können, was ihre Freunde sagen werden. Sie nutzen ihre intuitiven Fähigkeiten, um herauszufinden, was als nächstes geschieht, und beenden Sätze, die empfindende Kinder sprechen. Es kann sein, daß Empfindungstypen sich darüber ärgern. Erwachsene beenden oft Sätze für Kinder, wenn auch vielleicht behutsamer. Es ist, als wolle der intuitive Typ schnell zur Sache kommen, ohne Rücksicht darauf, ob der andere Gelegenheit hatte, seine Gedanken zu Ende zu denken. Erwachsene Intuitive sollten den Wunsch des empfindenden Kindes anerkennen, seine vielen Eindrücke mitzuteilen. Eine andere Lösung gibt es wahrscheinlich nicht. Zu einem intuitiven Kind können wir etwa sagen: «Es macht Spaß zu raten, was andere sagen wollen, und dann herauszufinden, ob man recht gehabt hat. Aber wenn du Sätze für andere beendest, haben sie bald keine Lust mehr, dir interessante Dinge zu erzählen. Es ist also besser, wenn du deine Vermutungen für dich behältst und dir erst einmal die Geschichte anhörst.»

Intuitive und empfindende Kinder haben unterschiedliche Lesegewohnheiten

Das Verhalten zu Hause und in der Schule

Viele intuitive Kinder, vor allem introvertierte, lesen gerne. Sie lieben Geschichten, und wenn die Frage gestellt wird, wer in der Klasse die meisten Bücher gelesen hat, haben die Intuitiven die Nase vorne. Empfindende Schüler neigen dazu, informative Texte zu lesen, und zwar Wort für Wort. Wenn der Empfindungstyp die Wahl hat, liest er meist Texte, denen er Informationen entnehmen kann, und oft liest er lieber Zeitschriften als Romane. Lange Romane schrecken manche empfindende Schüler ab; aber sie können sie bewältigen, wenn sie ein Kapitel nach dem anderen lesen. Viele empfindende Schüler lesen eine Menge Fakten in Zeitungen und Büchern, die sehr viele Informationen enthalten. Sie finden offenbar Gefallen an Büchern, die etwas aufzählen, zum Beispiel «Die zehn besten...» oder «Die zehn beliebtesten...». Eines der Lieblingsbücher empfindender Kinder ist *Das Guiness-Buch der Rekorde*. Diese Kinder sammeln Informationen, und es macht ihnen Spaß, Informationen «scheibchenweise» aufzunehmen. Zeitschriften sind oft ihre bevorzugte Informationsquelle. Angesichts dieser Art zu lesen fällt es empfindenden Kindern in der Schule schwer, Inhaltsangaben zu Büchern zu schreiben. Erwachsene, die mit Kindern arbeiten, sollten wissen, daß es viele Wege gibt, Kinder zum Lesen zu ermuntern. Wenn sie mit einem empfindenden Kind die Zeitung lesen oder einem intuitiven Kind zuhören, das den Inhalt eines Romans mit eigenen Worten wiedergibt, ermutigen sie das Kind, die Stärken seines Typs zu nutzen.

Intuitive Kinder interessieren sich vor allem für Möglichkeiten, empfindende Kinder für das Hier und Jetzt

Jung weist darauf hin, daß es dem intuitiven Typ zuweilen schwerfällt, bei der Sache zu bleiben, wenn eine Aufgabe nur begrenzte Möglichkeiten eröffnet. Für ihn ist es wichtig, daß Variationen möglich sind, und er muß sich anstrengen, um das, was ist, zu verstehen. Dagegen hat ein Intuitiver weniger Mühe, sich vorzustellen, was sein könnte.

Da Intuitive sich zu neuen und immer anderen Projekten hingezogen fühlen, fällt es ihnen mitunter schwer, sich einer Arbeit so lange zu widmen, bis sie abgeschlossen ist. Sie wenden sich gern bald dieser, bald jener Aufgabe zu, weil sie Abwechslung lieben. Da sie immer wieder neue Ideen haben, kann das Endprodukt ganz anders aussehen, als sie es ursprünglich geplant haben. Diesen Schülern sollte man dabei helfen, sich auf eine Arbeit zu konzentrieren und sie abzuschließen. Empfindende Schüler, die sich auf die Gegenwart konzentrieren, können sich manchmal nur schwer vorstellen, welche Änderungen ihrer Pläne in Zukunft notwendig sein mögen.

Zusammenfassung

Die Unterschiede zwischen Empfindungstypen und intuitiven Typen spiegeln verschiedene Arten der Informationsaufnahme wider. Da diese Funktionen sich entwickeln, verbessert sich die Kommunikation, wenn wir die Präferenz eines Kindes respektieren.

- Empfindende Kinder arbeiten gleichmäßig, intuitive sind phasenweise produktiv oder unproduktiv.
- Sowohl empfindende wie auch intuitive Kinder nehmen

Informationen durch die fünf Sinne auf; aber sie verarbeiten sie unterschiedlich.

- Beide Typen sind kreativ; aber das empfindende Kind befaßt sich zunächst mit Einzelheiten und stellt daraus ein Thema zusammen, während das intuitive Kind mit einem Thema anfängt und sich um die Details später kümmert.
- Intuitive Kinder brauchen Hilfe, um aus ihren Entwürfen ein fertiges Produkt zu machen. Empfindende Kinder benötigen Hilfe beim Entwerfen.
- Empfindende Kinder wollen Einzelheiten wissen, intuitive Kinder wollen die Grundidee kennen, bevor sie zu arbeiten beginnen.
- Empfindende Kinder lesen einen Text Wort für Wort, intuitive überfliegen ihn teilweise.
- Empfindende Kinder brauchen Details, um daraus Ideen zu entwickeln. Intuitive schrecken vor zu vielen Details zurück, weil sie sie daran hindern, weitere Lösungsmöglichkeiten in Betracht zu ziehen.
- Empfindende Kinder genießen Abwechslung eher «der Reihe nach», intuitive Kinder genießen eher «alles auf einmal».
- Menschen, die Wert auf praktische Erfahrung legen, können abstrakte Schlußfolgerungen auch unabhängig von ihren Erfahrungen ziehen. Kinder, die sich noch im konkreten operationalen Stadium der kognitiven Entwicklung befinden, sind von ihren praktischen Erfahrungen abhängig.
- Intuitive Kinder lesen lieber Bücher, empfindende Kinder ziehen kürzere Texte vor, zum Beispiel Zeitungen, Zeitschriften und Kurzgeschichten.

Kapitel 5

Entscheidungen treffen: Denken und Fühlen

Denken und Fühlen sind Funktionen, die beschreiben, wie Kinder Entscheidungen treffen. Sie entwickeln sich meist nach der Empfindung und nach der Intuition. Denktypen können sachliche, objektive Entscheidungen treffen und sich dabei auf die verfügbaren Informationen stützen. Solche Schüler schätzen Tüchtigkeit bei sich selbst und bei anderen. Sie wollen Regeln verstehen und tragen logische Argumente vor. Fühltypen richten sich bei Entscheidungen eher nach Wertsystemen. Sie schätzen Harmonie und machen anderen gerne eine Freude. Denktypen versuchen zu beweisen, daß sie recht haben, während Fühltypen anderen ihre Überzeugung nahebringen wollen. Beispiele für beide Funktionen finden Sie in Tabelle 5, die verdeutlicht, wie diese Funktionen sich in der Welt des Kindes auswirken.

Kinder beider Typen brauchen Bestätigung

Das Verhalten in der Schule

Vielen Kindern mit einer Präferenz für das Fühlen fällt es schwer zu lernen, wenn der Lehrer sie nicht mag. Die ersten paar Wochen in der Schule können eine große Belastung für sie sein, bis jemand ihnen versichert, daß sie willkommen sind. Ein Vorfall, der sich während einer der ersten Unterrichtswochen in einem Klassenzimmer ereignete, möge diesen Punkt verdeutlichen. Eine Schülerin arbeitete an ihrem Tisch, als die Lehrerin zufällig vorbeiging und sagte: «Deine Handschrift ist schlam-

Tabelle 5: Typische Merkmale denkender und fühlender Kinder

Kinder, die Denktypen sind,	**Kinder, die Fühltypen sind,**
– schätzen die individuelle Leistung höher als Gruppenarbeit – wollen wissen, warum sie etwas tun sollen – finden Ideen oder Dinge oft interessanter als Menschen – wollen ihre Fähigkeiten zeigen – legen Wert auf Wahrheit, Gerechtigkeit und Prinzipien – analysieren spontan die Schwächen von Ideen, Dingen oder Menschen – wollen die Gründe für Noten und Beurteilungen wissen – versuchen, ihren Standpunkt logisch zu begründen – reden in den unteren Klassen oft lieber mit dem Lehrer als mit Schulkameraden – haben Schwierigkeiten, allgemeines Lob zu akzeptieren	– brauchen Bestätigung und wollen gelobt werden – meiden Konflikte – können andere Menschen gut verstehen – glauben spontan an das Gute in den Menschen – sehen die Dinge aus einer persönlichen Perspektive – schätzen persönliche Beziehungen und Harmonie – machen anderen gerne eine Freude, selbst ohne besonderen Anlaß – mögen Fächer, die mit Menschen zu tun haben, und wollen wissen, wie Entscheidungen andere beeinflussen – kommen mit Kritik nur schwer zurecht und leiden sehr unter Sarkasmus und Spott

pig.» Die Schülerin war bestürzt, und zu Hause sagte sie: «Weißt du, was die Lehrerin zu mir gesagt hat? Sie sagte, meine Handschrift sei schlampig.» Ihre Mutter erwiderte: «Deine Handschrift ist wirklich schlampig.» Das Kind antwortete: «Aber sie hat es gesagt.»

Mehrere Wochen lang übte diese Schülerin ihre Handschrift, um die Lehrerin zu beeindrucken. Als sie ihr dies mitteilte, fragte die Lehrerin nur: «Was?» Für sie war die Bemerkung über die schlampige Handschrift nur beiläufig gewesen; aber die Schülerin hatte sie sich zu Herzen genommen, weil sie noch keine enge Beziehung zur Lehrerin geknüpft hatte und weil sie die Kritik an ihrer Handschrift als Bedrohung für diese Beziehung empfand. Etwa um die gleiche Zeit schrieb die Lehrerin unter den Aufsatz eines Schülers: «Du bist ein guter Schüler. Ich freue mich darüber, daß du in meiner Klasse bist.» Mehr brauchte der Schüler nicht, um sich bestätigt zu fühlen. Danach konnte die Lehrerin konstruktive Kritik üben, und der Schüler akzeptierte sie. Wenn Lehrer ein gutes Verhältnis zu den Schülern haben und die fühlenden Kinder spüren lassen, daß sie in der Klasse willkommen sind, brauchen sie Kritik nicht zu scheuen. Fühlende Kinder haben es gern, wenn sie während des ganzen Schuljahrs Bestätigung erfahren.

Ein Kind mit einer Neigung zum Denken hätte auf die Bemerkung der Lehrerin über die schlechte Handschrift wohl ganz anders reagiert. Es hätte vielleicht gefragt: «Wirkt meine Handschrift sich auf meine Note aus? Wenn ja, wie sehr?» Der Denktyp wäre in der Lage gewesen, die Person von der Kritik zu trennen, und er hätte erkannt, daß der Ausdruck «schlampig» sich nur auf die Handschrift und nicht auf die ganze Person bezog. Der Einfluß der Handschrift auf das Zeugnis wäre für ihn ein wichtiger Punkt gewesen. Denktypen wollen bestätigt haben, daß sie fair beurteilt werden, und sie wollen genau wissen, was man von ihnen erwartet. In ihren Augen wäre es ungerecht von einem Lehrer, eine schlechte Handschrift bei der Notengebung zu berücksichtigen, ohne der Klasse vorher zu sagen, daß er auf eine gute Schrift Wert legt.

Lob muß spezifisch und glaubhaft sein, damit es akzeptiert wird

Das Verhalten zu Hause und in der Schule

Kinder vom Denktyp wissen meist, ob sie gute Arbeit geleistet haben, während Fühltypen darauf warten, daß jemand es ihnen sagt. Bestätigung ist für fühlende Kinder äußerst wichtig, weil sie eine fehlende Reaktion mit Kritik gleichsetzen. Wenn das Kind zu Hause geholfen oder in der Schule etwas Besonderes geleistet hat, sollte der Erwachsene es loben, damit es nicht gekränkt ist. Eltern, die sagen: «Sie weiß doch, daß wir sie lieben», oder Lehrer, die sagen: «Er weiß schon, daß ich stolz auf ihn bin; das muß ich nicht andauernd wiederholen», verstehen die Bedürfnisse des fühlenden Kindes nicht. Im allgemeinen kann man Fühltypen nicht oft genug sagen, daß man gerne mit ihnen zusammen ist und ihre Arbeit schätzt.

Kinder vom Denktyp sind ebenfalls dankbar für lobende Worte. Diese Kinder wollen jedoch ihre Leistung anerkannt wissen. Eine Bemerkung wie «Du bist toll!» bedeutet ihnen wenig, wenn sie nicht begründet wird. Manche Erwachsene sind verstimmt, wenn ein Kind vom Denktyp fragt: «Warum sagst du das?» oder «Wieso bin ich toll?» Wer darauf antwortet: «Du bist es eben», hat einem denkenden Kind kein echtes Kompliment gemacht.

Kinder vom Denk- und vom Fühltyp drücken Meinungen verschieden aus

Das Verhalten zu Hause und in der Schule

Kinder vom Denktyp sagen in der Regel, was sie denken. Eine Mutter berichtete, sie sei von einem Gespräch zwischen ihrer zweitplazierten Tochter und der Gewinnerin eines Wettkampfes peinlich berührt gewesen. Die Siegerin hatte zu ihrer

Tochter gesagt: «Tut mir leid, daß du verloren hast», und ihre Tochter hatte geantwortet: «Warum? Das ist doch unlogisch. Wenn ich gewonnen hätte, hättest du ja verloren.» Die Mutter war der Meinung, in dieser Situation wäre eine subtilere, diplomatischere Antwort angebracht gewesen, und sie wunderte sich über die Unhöflichkeit ihrer Tochter. Das Mädchen war jedoch nicht unhöflich, sondern lediglich direkt gewesen und konnte nicht verstehen, warum ihre Mutter verärgert war.

Vielen Fühltypen fällt es schwer, sich so offen zu äußern, und darum schwächen sie ihre Worte ab, vor allem, wenn es kritische Worte sind. Entweder sie reden sehr viel, oder sie drücken sich sehr behutsam aus. Wenn ein denkendes Kind sagen würde: «Das ist ja verrückt», würde ein fühlendes Kind vielleicht sagen: «Das ist neu für mich.» Beide meinen das gleiche, aber das eine ist direkt, das andere zurückhaltend.

Ein Mädchen vom Denktyp wurde beschuldigt, zu ihren Freundinnen gemein zu sein, seine Schwester aber gewann dem Verhalten auch eine positive Seite ab: «Ich weiß, ich kann zu dir gehen, und du sagst mir deine ehrliche Meinung.» Denktypen analysieren eine Situation anhand der verfügbaren Informationen und ziehen dann ihre Schlußfolgerung. Für sie kommt es nicht darauf an, ob eine Antwort höflich ist, sondern ob sie wahr ist.

Kinder vom Denk- und vom Fühltyp wollen, daß die Regeln fair sind

Das Verhalten zu Hause und in der Schule

Kinder vom Denktyp haben Schwierigkeiten, wenn sie sich unfair behandelt glauben. Sie erwarten, daß Regeln fair sind und für alle gelten. Wenn Erwachsene für ein Kind Regeln aufstellen und für ein anderes nicht, fällt es dem denkenden

Kind schwer, das zu akzeptieren. Fühlende Kinder scheuen sich offenbar nicht, die Regeln zu brechen, wenn die Situation es rechtfertigt. Ein Beispiel von einer Monopoly-Spielrunde möge diesen Punkt verdeutlichen. Ein Spieler hatte das Spielbrett umrundet und besaß kein Geld mehr, daher konnte er die Miete für ein Hausgrundstück nicht mehr bezahlen. Der «Gläubiger», ein Kind vom Fühltyp, wollte nicht, daß sein Freund ausscheiden mußte, und sagte: «Macht nichts. Dann zahlst du eben später.» Eine Mitspielerin, ein Denktyp, war wütend, weil die anderen die Regeln geändert hatten. Ihrer Meinung nach mußten entweder alle oder keiner die Miete bezahlen, und man durfte die Regeln nicht jedesmal ändern. Beide Kinder hatten gute Gründe dafür, die Regeln einzuhalten oder zu mißachten. Wichtig zu wissen ist, daß Denktypen ihre Entscheidungen objektiv, Fühltypen dagegen subjektiv treffen.

Denkende und fühlende Kinder verstehen nicht immer, was andere meinen

Das Verhalten zu Hause

Eine Frau hatte zwei Kinder. Das eine war ein Denktyp, das andere ein Fühltyp. Sie wollte einige neue Kleider kaufen und nahm beide Kinder mit. Nachdem sie das erste Kleid angezogen hatte, kam sie aus der Kabine, und das denkende Kind sagte: «Bäh – nein!» Das fühlende Kind sagte: «Das ist hübsch, aber warum probierst du nicht dieses hier?» Als die Mutter das zweite Kleid angezogen hatte, meinte das denkende Kind: «Na ja, es geht.» Das fühlende Kind sagte: «Das ist auch nett. Aber du mußt noch diesen Rock und diesen Pullover probieren.» Die Mutter zog sich zum drittenmal um. Inzwischen war das denkende Kind wütend und sagte: «Ich sage dir nicht mehr, was ich denke. Sie sagt immer das Gegenteil. Auf wen hörst du eigentlich? Auf uns beide kannst du nicht hören.» Im Grunde waren beide Kinder einer Meinung gewesen; aber das denkende Kind hatte sich direkt ausgedrückt und das fühlende hatte seine Ablehnung behutsam formuliert. Wichtig ist, daß das denkende Kind die Ähnlichkeit der Kommentare nicht bemerkt hatte. Es hatte nur darauf geachtet, wie die Schwester ihre Bemerkungen begonnen hatte, und da sie scheinbar anderer Meinung war, hatte das Kind vom Denktyp das «aber» überhört. Kommunikationsprobleme entstehen oft, weil denkende Kinder Mühe haben, die Wortfülle richtig zu bewerten, die fühlende Kinder benutzen, um ihre Gedanken auszudrücken. Dagegen fällt es dem fühlenden Kind schwer, die Direktheit denkender Kinder zu akzeptieren.

Kinder vom Denktyp wollen Gründe wissen

Das Verhalten zu Hause und in der Schule

Kinder vom Denktyp fragen oft, warum sie etwas Bestimmtes tun sollen oder warum etwas so und nicht anders ist. Sie haben ein echtes Bedürfnis, Ursache und Wirkung sowie die Gründe für eine Entscheidung zu kennen. Manche Erwachsene sehen in dieser Hartnäckigkeit eine Bedrohung ihrer Autorität. Darum erwidern sie auf die Fragen des denkenden Kindes häufig: «Weil ich es gesagt habe. Mehr brauchst du nicht zu wissen.» Der Erwachsene sieht sich also herausgefordert, während das Kind ein natürliches Bedürfnis hat, *Gründe* zu kennen, um die Welt besser zu verstehen. Die Antwort «Weil ich es sage» hält Kinder nicht davon ab, nach dem Warum zu fragen. Es ist unklug, einem Kind vom Denktyp zu sagen, es müsse etwas tun, «weil es eben so ist», und es solle nicht immer widersprechen. Denkende Kinder müssen fragen, müssen wissen und müssen verstehen, warum sie eine Anordnung befolgen sollen.

Kinder vom Fühltyp fragen nicht unbedingt, selbst wenn es ratsam wäre. Mitunter sind sie so sehr darauf bedacht, anderen zu gefallen, daß sie Anweisungen befolgen, nur um den anderen nicht wütend oder unglücklich zu machen.

Kinder vom Denktyp können ihre Fähigkeiten richtig einschätzen; Kinder vom Fühltyp verlassen sich dabei auf andere

Das Verhalten zu Hause und in der Schule

Kinder vom Denktyp können ihre eigene Leistung offenbar besser einschätzen als fühlende Kinder. Sie wissen, ob sie etwas gut gemacht haben oder nicht. Fühlenden Kindern fällt es meist schwer, ihre Leistung richtig zu bewerten; sie verlassen sich dabei lieber auf andere. Wenn die Person, mit der sie zusammen sind, sie anerkennt, fühlen sie sich anerkannt, wenn diese Person sie nicht anerkennt, fühlen sie sich nicht anerkannt. Viele fühlende Kinder scheinen von der Meinung anderer abhängig zu sein. Kinder vom Denktyp sagen häufig: «Nun ja, die wissen eben nicht, daß ich der Beste bin.» Solche Kinder gelten oft als Angeber, obwohl sie ihrer Meinung nach die Wahrheit sagen.

Kinder vom Fühltyp müssen lernen, ihren Wert einzuschätzen, ohne sich auf die Meinung anderer zu verlassen. Wenn zehn Leute sie für eine Arbeit loben, aber einer sie bemängelt, glauben sie dem einen und überlegen sich, wie sie es allen recht machen können. Viele erwachsene Fühltypen reagieren ebenso. Die sehr bekannte Talkshow-Moderatorin Oprah Winfrey sagte, sie habe sich früher sehr von anderen beeinflussen lassen. Wenn ihr jemand geschrieben habe, daß ihr Lippenstift oder ihre Schuhe unpassend seien, habe sie sich mit den Betreffenden in Verbindung gesetzt, um mit ihnen über die Angelegenheit zu sprechen. Dieses Bedürfnis nach Konfliktlösungen gleicht dem Verhalten des Fühltyps. Fühltypen reagieren auf die Kritik anderer sehr empfindlich. Fühlende Kinder brauchen die Gewißheit, daß man sie gern hat, selbst in den schwierigen Jahren als Teenager. Da der Heranwachsende versucht, von Erwachsenen unabhängig zu werden, kann dieses Bedürfnis nach Anerkennung im Kampf um Loslösung verlorengehen.

Kinder vom Denktyp müssen sich Fehler zugestehen können, wenn sie eine neue Fertigkeit erlernen. Viele von ihnen verlangen von sich selbst, alles richtig zu machen, und die Folge ist Frustration. Wenn das Ergebnis nicht ihren Erwartungen entspricht, arbeiten sie oft eifrig weiter, bis das Problem gelöst ist. Das ist bewundernswert – doch leider fühlt das Kind sich in der Zwischenzeit als Versager. Denkende Kinder müssen also lernen, mit realistischen Erwartungen an eine neue Aufgabe heranzugehen, damit sie nicht dauernd frustriert werden.

Die Präferenz von Denken oder Fühlen hat Einfluß darauf, an welche Informationen ein Kind sich erinnert

Das Verhalten zu Hause und in der Schule

Mitunter beeinflußt der Typ die Information, die ein Kind verarbeitet. Nehmen wir als Beispiel zwei Kinder, das eine ein Fühltyp, das andere ein Denktyp, die eine Geschichte über einen Bombenangriff im zweiten Weltkrieg lasen. Als die Klasse über die Geschichte diskutierte, berichtete der denkende Junge, er habe die Geschichte gar nicht zu Ende lesen können, weil sie so dumm sei. Bei den Flugzeugen, die eine Stadt bombardierten, hätten nämlich die Scheinwerfer gebrannt, und eine so alberne Geschichte sei nicht lesenswert – denn kein Bomberpilot würde sein Flugzeug beleuchten, damit der Feind es besser abschießen könne. Das fühlende Kind hatte dieses Detail völlig übersehen. Es hatte sich darüber Sorgen gemacht, daß eine Bombe das Haus der Hauptperson treffen könne. Seine Präferenz hatte das fühlende Kind veranlaßt, sich auf die Menschen in der Geschichte zu konzentrieren, während das denkende Kind sich von einer Unlogik in der Geschichte stören ließ. Typunterschiede können uns verstehen helfen, warum zwei Schüler, die denselben Text lesen, sich an verschiedene Einzelheiten erinnern.

Alle Kinder haben Emotionen; aber diese haben einen unterschiedlichen Einfluß auf die Entscheidungsfindung

Da der Begriff «Fühlen» benutzt wird, um einen rationalen Denkprozeß zu beschreiben, besteht oft Verwirrung über den Unterschied zwischen der Funktion «Fühlen» und den Gefühlen oder Emotionen. *Menschen aller Persönlichkeitstypen haben Gefühle,* also auch Denk- und Fühltypen. Manchen Leuten fällt es leichter, den Unterschied zwischen Emotionen und der Fühlfunktion zu verstehen, wenn sie unter «Emotionen» Affekte oder körperliche Reaktionen und unter der Funktion «Fühlen» eine Art des vernünftigen Urteilens verstehen.

Jung erläuterte, es gebe keine körperlichen Veränderungen, wenn jemand die Fühlfunktion benutze, um eine subjektive Entscheidung zu treffen. Wenn dabei Gefühle empfunden werden, heißt das, daß mit der Entscheidung eine körperliche Reaktion einhergeht.

Körperliche Veränderungen spiegeln also Affekte oder Emotionen wider. Auch der Gebrauch der Fühl- oder der Denkfunktion kann von Affekten begleitet sein. Auch Denktypen haben Emotionen, doch stören diese ihre Fähigkeit, unabhängige, objektive Entscheidungen zu fällen, nicht.

Nehmen wir beispielsweise an, die Eltern eines Kindes hätten sich vor kurzem scheiden lassen. Der Vater wohnt auswärts und lädt das fühlende Kind ein, das Wochenende bei ihm zu verbringen, weil er sich einsam fühlt. Das Kind beschließt, Papa zu besuchen. Die Entscheidung fällt mit der fühlenden Funktion, ohne körperliche Reaktion, ohne Emotionen. Bevor das Mädchen der Mutter von der Einladung erzählt, bittet diese sie, am Wochenende zu Hause zu bleiben und ihr Gesellschaft zu leisten. Nun hat das Mädchen Magendrücken, denn sie muß entweder den Vater oder die Mutter enttäuschen. Das Magendrücken ist die körperliche Emotion, die mit dem subjektiven, fühlenden Prozeß der Entscheidungsfindung einhergeht. Die Emotionen stören die Fähigkeit, eine Entscheidung zu fällen, und für das fühlende Kind ist es schwierig, sich emotionslos zu entscheiden.

Jung war der Meinung, ein Kind vom Denktyp werde zwar Mitgefühl mit den Eltern empfinden und vielleicht auch Magendrücken bekommen, es werde aber seine Emotion beiseite schieben, wenn es entscheide, wo es das Wochenende verbringe. Das denkende Kind werde zum Beispiel überlegen, daß der Vater einen Freund anrufen könne, wenn er einsam sei, und daß die Mutter eine Freundin besuchen könne, um Gesellschaft zu haben. Entscheidend für das Kind ist, für wen die wichtigeren Gründe sprechen. Es kann das Mitgefühl und das Magendrücken ignorieren und eine vernünftige Entscheidung treffen. Das fühlende Kind kann die Emotion nicht beiseite schieben.

Fühltypen stützen Entscheidungen auf Wertsysteme. Der Weg, der sie von einer Teilinformation zur nächsten führt, ist nicht gerade, sondern gewunden. Logik ist nicht unbedingt notwendig, wenn Fühltypen Informationen verarbeiten. Stellen wir uns zwei Grundschulkinder vor, die sich unterhalten. Das eine ist ein Denktyp, das andere ein Fühltyp. Das fühlende Kind fragt: «Glaubst du mir?», und das denkende Kind antwortet in liebenswürdigem Ton: «Natürlich – du brauchst es mir nur zu beweisen.» Wenn man Kinder auffordert, eine Behauptung zu beweisen, fassen sie diesen Wunsch manchmal als Mißtrauen auf. Fühlenden Kindern fällt es oft schwer, zwischen sich selbst und einer Aufgabe, ihrer Leistung oder ihren Bemerkungen zu trennen. Denktypen versuchen, ihren Standpunkt zu beweisen, während Fühltypen andere zu überzeugen versuchen.

Wer fühlenden Kindern rät, sich zusammenzunehmen oder nicht so ängstlich zu sein, mißachtet ihre natürliche Sensibilität.

Das Selbstwertgefühl jedes Typs entwickelt sich verschieden

Manche Leute glauben, das Selbstbild entwickle sich bei jedem Menschen auf ähnliche Weise. Andere meinen, ein positives Selbstbild helfe den Menschen, mit Fehlschlägen oder vorübergehenden Schwierigkeiten fertig zu werden. Eine andere Auffassung lautet: Das Selbstwertgefühl entwickelt sich bei Denktypen anders als bei Fühltypen. Nach dieser Auffassung können wir Ereignisse im Leben des Denktyps mit dem Staub auf einem Berg vergleichen. Jedes erfreuliche Erlebnis des Denktyps ist eine Tasse Staub, die auf den Berg geschüttet wird, und jedes unangenehme Erlebnis entspricht einer Tasse Staub, die vom Berg weggenommen wird. Solange es mehr gute als schlechte Ereignisse gibt, besteht ein Gleichgewicht, und der Denktyp hat keine Probleme mit seinem Selbstbild. Die Ereignisse im Leben des Fühltyps vergleichen wir mit der Luft in einem Ballon. Jedes erfreuliche Ereignis bläst den Ballon ein wenig auf; aber ein einziges unangenehmes Ereignis – zum Beispiel schroffe Kritik – kann den Ballon zum Platzen bringen. In solchen Fällen versuchen manche Leute, den Fühltyp dadurch aufzumuntern, daß sie ihn an all das Gute in seinem Leben erinnern oder ihn auffordern, die möglicherweise unfaire Kritik nicht überzubewerten. Dem Fühltyp geht es aber offenbar besser, wenn er die physischen Auswirkungen seiner Präferenz anzuerkennen vermag und die schmerzhafte Emotion bewußt erlebt. Je besser er sich damit abfinden kann, desto eher ist er imstande, sich auf das Problem zu konzentrieren und vernünftig zu denken. Fühlende Kinder sollten ihren Kummer bewußt erleben dürfen; denn sie müssen sich mit ihrem Leid auseinandersetzen, bevor sie vernünftig denken können. Ihr «Ballon» wird ohnehin platzen, einerlei, wie gut ihr Selbstbild ist.

Erwachsene Denktypen, die ein unglückliches fühlendes Kind sehen und ihm helfen wollen, greifen oft auf ihre Logik und ihre Fähigkeit, Probleme zu lösen, zurück. Doch das fühlende Kind, das zu diesem Zeitpunkt in erbärmlicher Verfassung ist, braucht nicht unbedingt Logik oder Hilfe bei der Problemlösung, es braucht aber Umarmung, Beruhigung oder Trost. Introvertierte Fühltypen wollen oft nicht einmal über das Problem reden, das ihr Selbstwertgefühl untergraben hat. Extravertierte reden vielleicht über den Vorfall, aber nicht gerne über mögliche Lösungen. Sobald die heftigen Emotionen abgeklungen sind, ist der Fühltyp in der Lage, seine Fühlfunktion als Entscheidungsfunktion zu nutzen und das Problem vernünftig zu prüfen.

Dem Denktyp fällt es schwer, den Schmerz des Fühltyps zu erkennen, und darum bemüht er sich, diesem mit seiner natürlichen Begabung, durch logisches Überlegen Probleme zu lösen, Hilfe zukommen zu lassen. Leider fassen Fühltypen diese Art Hilfsbereitschaft anders auf: Sie glauben, man fordere sie auf, sich zu ändern, logisch zu denken und Probleme vernünftig zu lösen. Wenn der Fühltyp diesen Eindruck gewinnt und wenn das Hilfsangebot nicht von einer Umarmung oder tröstenden Worten begleitet wird, kann ein Zerwürfnis die Folge sein, und möglicherweise sucht der Fühltyp in Zukunft nicht mehr beim Denktyp Rat, wenn er in Schwierigkeiten ist. Das kann besonders gefährlich sein, wenn eine Eltern-Kind-Beziehung betroffen ist, und am größten ist der Schaden, wenn das fühlende Kind nicht bei dem Elternteil vom Denktyp lebt, weil die Eltern geschieden sind. Ein Erwachsener, der nicht mit dem Kind zusammenlebt, ist für das Kind weniger verfügbar, und infolgedessen nehmen Mißverständnisse, die in schwierigen Situationen entstehen, größere Bedeutung an.

Manchmal befinden sich Denktypen in einer heiklen Lage. Nehmen wir einmal an, Sie sind ein Denktyp, und Ihre Tochter, die dem Fühltyp angehört, ist bereit zum Ausgehen. Wenn sie fragt: «Wie sehe ich aus?», ist Kritik in dieser Situation fehl am Platze. Wenn Sie ihr sagen, alles sei in Ordnung außer ihrem Haar, fühlt sie sich den ganzen Abend lang unwohl. Und da sie bereits angezogen ist und gleich gehen möchte, hat sie kaum Zeit, etwas zu ändern. Es ist also besser, Sie heben sich kritische Bemerkungen für später auf. Wenn sie jedoch beim Frisieren nach Ihrer Meinung fragt, können Sie offen sagen, was Sie denken; denn sie hat noch genügend Zeit, Fehler zu beheben. Kritisieren Sie also Fühltypen, wenn Sie die Situation ändern können, nicht, wenn es zu spät dafür ist.

Zusammenfassung

Die Funktionen des Denkens und des Fühlens beschreiben die Art und Weise, wie Kinder Entscheidungen treffen. Beide Typen haben in einer Beziehung unterschiedliche Bedürfnisse und zeigen unterschiedliches Verhalten.

- Fühlende Kinder wollen wissen, daß sie willkommen sind und daß man sie gern hat. Denktypen wollen glaubhaftes Lob hören.
- Denk- und Fühltypen drücken den gleichen Gedanken unterschiedlich aus.
- Denktypen legen Wert auf faire Regeln, Fühltypen erwarten, daß Regeln eine Hilfe für Menschen sind.
- Denktypen wollen das Warum erklärt haben.

- Das Selbstwertgefühl entwickelt sich beim Denktyp und beim Fühltyp unterschiedlich.
- Alle Typen haben Emotionen und Affekte. Bei der Funktion «Fühlen» geht es nicht um Gefühle, sondern um eine bestimmte Art, wie Entscheidungen getroffen werden.

Kapitel 6

Das beobachtbare Verhalten: die rationale und die irrationale Einstellung

Die Begriffe «rational» (urteilend) und «irrational» (wahrnehmend) beziehen sich auf die Einstellung eines Kindes. Diese Einstellung ist offenbar schon in einem frühen Alter vorhanden. Menschen mit einer Präferenz für die rationale Einstellung (d. h. Denk- und Fühltypen) schätzen es, wenn sie Zeit haben, sich auf eine Arbeit vorzubereiten, und sie freuen sich über das vollendete Werk. Als Kinder schätzen sie klare Richtlinien, und sie wollen wissen, was man von ihnen erwartet. Unter Zeitdruck zu arbeiten kann für sie eine große Belastung sein. Menschen mit einer Präferenz für die irrationale Einstellung (d .h. Empfindungs- und Intuitionstypen) halten sich gerne mehrere Möglichkeiten offen und zögern mitunter Entscheidungen hinaus. Von Regeln fühlen sie sich eingeengt, und darum vergessen sie sie leicht. Ein zeitliches Limit hilft ihnen, effektiv zu denken. Das irrationale Kind liebt Veränderungen und Spontaneität. Anhand von Beispielen werden wir untersuchen, wie die Unterschiede zwischen der rationalen und der irrationalen Einstellung die Beziehung zwischen Erwachsenen und Kindern beeinflussen (siehe dazu Tabelle 6). Wenn wir diese Unterschiede verstehen, können wir leichter damit umgehen und sie fördern.

Tabelle 6: Typische Merkmale rationaler und irrationaler Kinder

rationale Kinder (Ra)	irrationale Kinder (Ir)
– wollen genau wissen, was man von ihnen erwartet – lieben geordnete Verhältnisse – wollen eine Arbeit beenden, bevor sie mit der nächsten beginnen, und fühlen sich nicht wohl, wenn zu viele Vorhaben unvollendet sind – schätzen Überraschungen nicht sehr – wollen das Ergebnis im voraus wissen und finden häufige Veränderungen störend – treffen gerne Entscheidungen – wollen alles «richtig» machen und so, «wie es sein soll» – arbeiten am besten, wenn sie ihre Arbeit planen und sich an den Plan halten können – arbeiten gut, wenn sie nicht unter Zeitdruck stehen, und sind frustriert, wenn Termine näherrücken und die Arbeit noch unvollendet ist – vermischen Arbeit und Spiel nicht gerne und wollen lieber erst hart arbeiten und danach spielen – haben ein gutes Zeitgefühl und können voraussagen, wie lange sie für eine Arbeit brauchen – schätzen das Ergebnis höher ein als die Arbeit	– handeln spontan – lieben Bewegungsfreiheit und langweilen sich bei zuviel Schreibtischarbeit – sind fröhlich und lachen oft – haben am Tun mehr Freude als am Ergebnis – arbeiten und spielen gleichzeitig und versuchen, Spaß und Arbeit zu verbinden – genießen das Unerwartete und Ungeplante – sind anpassungsfähig – beginnen manchmal mit zu vielen Projekten gleichzeitig und haben Schwierigkeiten, sie zu beenden – warten, bis sich viel Arbeit angesammelt hat, und erledigen in letzter Minute viel auf einen Schlag – erfüllen Aufgaben oft spät, weil sie schlecht planen oder ihre Zeit falsch einteilen – arbeiten besser, wenn sie einen Termin einhalten müssen

Rationale Kinder pflegen offenbar eine «äußere Ordnung», irrationale Kinder eine «innere Ordnung»

Das Verhalten zu Hause und in der Schule

Schüler mit einer rationalen Präferenz neigen zu einer *äußeren Ordnung*. Meist bewahren sie ihre Schulsachen fein säuberlich geordnet auf. Ihre Tische sind gewöhnlich sauber und frei von überflüssigen Zetteln. Ihre äußere Welt ist geordnet. Irrationalen Schülern wird dagegen eine *innere Ordnung* zugeschrieben. Ihre Tische mögen zwar chaotisch aussehen, aber in der Regel finden sie, was sie brauchen. Die Fähigkeit, Dinge in einem scheinbaren Chaos zu finden, entwickelt sich mit dem Älterwerden des irrationalen Kindes. Es ist also nicht ungewöhnlich, wenn kleinere irrationale Kinder noch nicht so geschickt darin sind.

Regeln sind für rationale und irrationale Kinder aus verschiedenen Gründen wichtig

Das Verhalten in der Schule

Kleine Kinder werden oft beschuldigt, andere beim Lehrer zu verpetzen. Wenn Geschwister petzen, wollen sie wahrscheinlich den Bruder oder die Schwester ärgern. Aber bei manchen Grundschülern gibt es noch eine andere Erklärung. Rationale Kinder müssen die Regeln kennen, damit sie artig sein und sie befolgen können. Wenn ein anderes Kind die Regeln bricht, erzählt das rationale Kind es oft dem Lehrer. Angenommen, ein Lehrer ordnet an, daß die Kinder auf dem Spielplatz nicht die gelbe Linie überschreiten dürfen. Ein Kind läuft zum Lehrer und sagt: «Johnny ist über die gelbe Linie gegangen. Darf er das?» Meist erwidern die Lehrer, daß sie nicht auf Petzer hören, und schicken petzende Kinder weg. Aber viele rationale Kinder wollen in Wirklichkeit fragen: «Johnny hat die gelbe Linie überschritten. Dürfen wir das jetzt alle tun? Wenn ja, möchte ich es auch tun, wenn nein, möchte ich die Regel nicht brechen. Also, was gilt denn nun?» Mit anderen Worten: Die Strafe für Johnny bestätigt dem rationalen Schüler, daß die Regel immer noch gilt.

Irrationalen Kindern fällt es offenbar schwerer, sich an Regeln zu erinnern. Manchmal verletzen sie eine Regel nur deshalb, weil sie so spontan sind, daß sie handeln, bevor sie Zeit haben, über die Regel nachzudenken. Oft sind Regeln ihnen auch gleichgültig – sie gelten für andere Kinder, und wenn man sie ignorieren kann, tut man es. Mitunter stellen irrationale Kinder Regeln auf die Probe, weil sei wissen wollen, ob sie durchgesetzt werden. Wenn ein Lehrer heute auf einer Regel besteht und morgen nicht, schließt das irrationale Kind daraus, daß es die Regel brechen darf. Für viele irrationale Kinder sind Regeln eher Hindernisse als Richtlinien. Wenn Sie mit irrationalen Kindern arbeiten, empfiehlt es sich, so wenig Regeln wie möglich aufzustellen.

Rationale Kinder arbeiten, bevor sie spielen; irrationale Kinder arbeiten während des Spiels

Das Verhalten zu Hause

Manche Kinder trennen Arbeit und Spiel; andere müssen beides kombinieren. Gerade in diesem Bereich ist es sehr wichtig, daß Erwachsene die Einstellung des Kindes kennen. Angenommen, die Mutter bittet ein rationales Kind, das Geschirr zu waschen. Wahrscheinlich beendet das Kind die Arbeit so schnell wie möglich, damit es reichlich Zeit zum Spielen hat. Rationale Kinder wollen eine Aufgabe rasch lösen. Eltern mit der gleichen Einstellung schätzen diese Zielstrebigkeit. Für das irrationale

Kind gilt das nicht. Dieses Kind braucht wahrscheinlich mehr Zeit für die Arbeit, weil es herumspielt. Es benutzt das Spülbecken als Basketballnetz für den Waschlappen und stapelt die Gläser zu einem Turm. Für das irrationale Kind ist es ganz natürlich, sich eine Weile mit den Seifenblasen zu beschäftigen. Manche rationale Eltern ärgern sich über dieses Verhalten. Sie verstehen nicht, warum das Kind nicht zuerst die Arbeit erledigt und dann spielt.

Manche Eltern reagieren auf dieses Verhalten mit «Predigten» über die Faulheit und Verantwortungslosigkeit des Kindes, zumindest über seine falsche Arbeitsweise. Wenn ein irrationales Kind sich mit dem Argument verteidigt, Spaß sei ebenfalls wichtig, erwidern Erwachsene oft: «Glaubst du denn, die Arbeit wird dir Spaß machen, wenn du groß bist? Du mußt dich daran gewöhnen, daß Arbeit und Spiel zwei verschiedene Dinge sind.» Viele irrationale Kinder finden es entmutigend zu glauben, daß man im Leben Arbeit und Spiel trennen muß, und oft versuchen sie noch als Erwachsene, Arbeit und Spiel zu verbinden, und wählen einen Beruf, der ihnen dies ermöglicht.

Keine Einstellung ist der anderen überlegen; aber wenn Eltern und Kinder eine unterschiedliche Einstellung haben, kommt es häufig zu Konflikten. Manche rationale Eltern halten es für das beste, sich mit dem Kind einfach über das Ergebnis zu einigen, beispielsweise über eine saubere Küche. Wenn das Kind weiß, was von ihm erwartet wird, lassen sie es allein und kommen erst zurück, wenn es mit der Arbeit fertig ist. In der Regel wird das Kind die Arbeit zu Ende bringen, unabhängig von seiner Einstellung; nur die Arbeitsweise unterscheidet sich bei rationalen und irrationalen Kindern erheblich. Oft stören Eltern sich mehr an der scheinbar chaotischen Arbeitsweise des irrationalen Kindes als am Ergebnis.

Rationale Kinder besitzen die Gabe des Vorausplanens, irrationale Kinder die Gabe der Spontaneität

Das Verhalten in der Schule

Jeder Typ hat natürliche Stärken und Schwächen. Kinder, die etwas über Typen lernen, lernen auch, mit ihren Stärken zu arbeiten und ihre weniger entwickelten Fähigkeiten zu verbessern, wenn die Situation es erfordert. Kinder, die nichts über Typenunterschiede wissen, versuchen vielleicht, Verhaltensweisen nachzuahmen, die nicht zu ihren Stärken gehören – nur weil andere damit Erfolg haben.

Schüler wurden aufgefordert, demnächst eine Rede vor der Klasse zu halten. Ein rationales Mädchen machte sich Notizen, übte ihre Rede vor dem Spiegel und bereitete sich gut auf ihren Auftritt vor. Als der große Tag gekommen war, fragte sie einen irrationalen Jungen, ob er bereit für seine Rede sei. Die Antwort lautete: «Ich glaube schon.» Und als sie ihn nach seinem Thema fragte, meinte er: «Das weiß ich noch nicht so genau.» Das rationale Mädchen fühlte sich daraufhin zuversichtlicher denn je, da sie sich ja gut vorbereitet hatte. Und in der Tat hielt sie eine ausgezeichnete Rede und bekam eine Eins dafür. Dann wurde der irrationale Junge aufgerufen. Er erhob sich, lieferte ebenfalls eine hervorragende Rede und erhielt auch eine Eins. Das rationale Kind sagte: «Das ist nicht fair. Ich habe hart gearbeitet und er nicht.» Die Lehrerin mußte ihr erklären, daß sie die Leistung benotete, nicht die Vorbereitung. Das Mädchen erwiderte: «Das nächstemal bereite ich mich ebenfalls nicht vor.» Damit leugnete sie jedoch ihr natürliches Talent, vorauszuplanen und sich vorzubereiten. In diesem Fall durften die Schüler über jedes beliebige Thema sprechen, und das irrationale Kind hatte sich eben ein Thema ausgesucht, mit dem es vertraut war. Es hatte seine natürliche Begabung – Spontaneität und Flexibilität – genutzt und damit Erfolg gehabt. Auch das rationale Kind hatte dank seines natürlichen Talents – der Fähigkeit vorauszuplanen – gut abgeschnitten. Wenn ein Kind weiß, welchem Typ es angehört, findet es leichter die beste und effektivste Methode, eine Aufgabe zu erfüllen. Sicherlich gibt es Aufgaben, die eine intensive Vorbereitung erfordern und der natürlichen Begabung des irrationalen Kindes zuwiderlaufen. In solchen Fällen dürfen irrationale Kinder sich nicht darauf verlassen, daß ihre Spontaneität ihnen hilft, sondern sie brauchen Unterstützung, damit sie sich rechtzeitig vorbereiten und die notwendigen Informationen sammeln.

Wenn wir die Bedürfnisse der verschiedenen Typen kennen, verstehen wir bestimmte Verhaltensweisen besser

Das Verhalten zu Hause

Rationale Kinder, die vorausplanen, schätzen es nicht, wenn andere ihren Plan in die Tat umsetzen. Nehmen wir als Beispiel ein Kind, das zusammen mit drei Freunden eine «Fahrgemeinschaft» bildete. Die Eltern wechselten sich beim Fahren ab. Die Kinder vereinbarten, daß man sie morgens um halb acht abholen solle. Ein Vater nahm diese Zeit nicht sehr genau und richtete sich so ein, daß er zwischen 7.35 und 7.45 Uhr ankam. Seiner Meinung nach kamen die Kinder dann immer noch rechtzeitig in die Schule. Doch das rationale Kind wurde überaus nervös, als der Fahrer sich verspätete. Die Kinder kamen tatsächlich vor dem Klingeln an; jedoch nicht so früh, daß sie zu ihren Schränken gehen, ihre Freunde begrüßen und sich in letzter Minute auf den Unterricht vorbereiten konnten. Der Erwachsene verstand nicht, warum der Zeitpunkt so wichtig war, denn er hatte, als er Schüler war, kein Interesse daran, fünfzehn Minuten vor Unterrichtsbeginn einzutreffen. Erwachsene übertragen ihre eigenen emotionalen Bedürfnisse häufig auf Kinder.

Das rationale Kind war in einer schwierigen Lage. Die Fahrgemeinschaft war wichtig; doch wenn dieser Vater fuhr, wurde das Kind jedesmal unruhig. Es versuchte mehrere Male erfolglos, die Abfahrtszeit vorzuverlegen – aber der Erwachsene verstand nicht, warum das Kind früher in der Schule sein wollte. Wäre er mit den Typenunterschieden vertraut gewesen, hätte das Kind zu ihm sagen können: «Ich muß eine Viertelstunde früher in der Schule sein, damit ich meine Sachen in Ordnung bringen und mich auf den Unterricht vorbereiten kann. Können wir bitte um halb acht abfahren?» Der Erwachsene würde dann das natürliche Bedürfnis des Kindes, zeitig in der Schule zu sein, respektieren und als ganz normalen Unterschied in der Einstellung akzeptieren, und das Kind hätte es nicht nötig, sich allerlei Gründe auszudenken, um möglichst früh aufzubrechen.

Rationale und irrationale Kinder haben unterschiedliche Arbeits- und Freizeitgewohnheiten

Das Verhalten zu Hause

Ein rationales Kind fühlt sich unter Druck gesetzt, wenn es zahlreiche Arbeiten gleichzeitig erledigen muß. Schüler, die drei oder vier Hausarbeiten in verschiedenen Fächern bewältigen müssen, bleiben abends mitunter länger auf und versuchen, mit den Aufgaben fertig zu werden. Ein Schüler bereitete sich noch um Mitternacht auf eine Klassenarbeit vor. Seine Eltern riefen: «Geh ins Bett!», und er antwortete: «Ich kann nicht. Ich bin noch nicht fertig.» Die Eltern können ihr Kind zwingen, zu Bett zu gehen, nicht aber, sich zu entspannen. Ein rationales Kind entspannt sich nämlich erst, wenn es seine Arbeit beendet hat. Wenn dieser Junge also zu Bett gehen muß, bevor er mit seinen Hausaufgaben fertig ist, wird er sehr wahrscheinlich lange wach liegen und sich wegen der unvollendeten Arbeit Sorgen machen.

Irrationale Kinder machen sich keine großen Gedanken über unvollständige Hausarbeiten. Sie erreichen sogar bessere Ergebnisse, wenn sie «in letzter Minute» fertig werden. Bei irrationalen Kindern kommt es häufiger vor, daß sie zeitig zu Bett gehen und dann mitten in der Nacht oder sehr früh am Morgen aufstehen und eine Hausaufgabe beenden.

Wenn es Eltern schwerfällt, die Arbeitsweise eines Kindes zu verstehen, haben Eltern und Kind wahrscheinlich unterschiedliche Einstellungen. Um das Kind besser zu verstehen, können die Eltern einen Erwachsenen, der die gleiche Einstellung wie ihr Kind hat, fragen, wie er als Schüler seine Hausarbeiten zu machen pflegte. Wenn Eltern wegen der Gewohnheiten eines Kindes besorgt sind, liegt es meist daran, daß sie diese Gewohnheiten für schädlich, grob oder ineffektiv halten. Sofern aber der Arbeitsstil eines Kindes niemanden stört und dem Kind auch nicht körperlich schadet, ist er aus seiner Sicht erfolgreich, und die Eltern sollten versuchen, für die andere Einstellung Verständnis aufzubringen.

Rationale Kinder wollen sich in der Gruppe auf die Arbeit konzentrieren; irrationale Kinder sind mehr am Prozeß interessiert

Das Verhalten in der Schule

Wenn Schüler in Gruppen arbeiten, kann die Einstellung sich erheblich auf den Erfolg der Gruppe auswirken. Rationale Kinder wollen sich sofort auf die Arbeit stürzen und sie so schnell wie möglich abschließen. Dagegen neigen irrationale Kinder dazu, alle möglichen Vorgehensweisen zu untersuchen, bis die Zeit knapp wird. Diese Tendenz kann dazu führen, daß sie sich albern aufführen, andere Themen erörtern, unbrauchbare Vorschläge sammeln und die eigentliche Aufgabe vergessen. Wenn die verfügbare Zeit fast abgelaufen ist, wird die

Gruppe vielleicht aktiv. Für irrationale Typen ist das stimulierend; rationale werden dabei nervös. Anderseits fühlen irrationale Typen sich unwohl, wenn man ihnen genau definierte Aufgaben stellt, die ihnen wenig oder gar keinen Spielraum lassen.

Der Schreibstil rationaler und irrationaler Kinder ist unterschiedlich

Das Verhalten in der Schule

Ein Problem, das mit der rationalen oder der irrationalen Einstellung zu tun hat, entsteht bei umfangreichen schriftlichen Arbeiten. Meist bekommen die Schüler ein Thema und werden aufgefordert, darüber einen Aufsatz zu schreiben. Sobald die Schüler alle notwendigen Informationen bekommen haben, sucht der rationale Schüler Bücher heraus, die er braucht, sichtet und ordnet das Material, beginnt mit der Arbeit – und beendet sie. Lehrer berichten, daß sie diese Schüler nur mit Mühe überreden können, ihren ersten Entwurf umzuschreiben; denn rationale Kinder halten ihren ersten Entwurf für den endgültigen. Irrationale Schüler sammeln dagegen mehr Informationen, als sie für ihren Aufsatz verwerten können, und zögern lange, ehe sie ihre Gedanken zu Papier bringen. Der Lehrer sollte sich darüber im klaren sein, daß er rationale Schüler auf verschiedene Weise ermutigen muß, ihr Konzept zu ändern, und daß er irrationalen Schülern bei der Zeiteinteilung helfen muß. Weitere Hinweise über die Arbeit mit unterschiedlichen Schreibstilen enthält Kapitel 12: «So entwickeln Sie ein positives Verhältnis zu rationalen und irrationalen Kindern».

Zusammenfassung

Die rationale (urteilende) beziehungsweise die irrationale (wahrnehmende) Einstellung beeinflußt das Zusammenleben der Menschen. Wenn wir diese Merkmale verstehen, können wir leichter entscheiden, welche Fertigkeiten ein Kind erwerben sollte und wie wir sie ihm am besten vermitteln.

- Rationale Kinder neigen offenbar zu einer äußeren Ordnung, während irrationale Kinder anscheinend eine innere Ordnung bevorzugen.
- «Petzende» kleine Kinder versuchen oft nur herauszufinden, ob eine Regel noch gilt.
- Rationale Typen arbeiten, bevor sie spielen. Irrationale Typen verbinden Arbeit und Spiel.
- Rationale Typen planen voraus, irrationale sind flexibel und spontan.
- Rationale Typen wollen erst ihre Arbeit vollenden, bevor sie sich ausruhen. Irrationale Typen ruhen sich zuerst aus und arbeiten in letzter Minute.
- Rationale Typen konzentrieren sich auf die Aufgabe, wenn sie in Gruppen arbeiten; irrationale Typen sind mehr am Verfahren interessiert.
- Rationale Kinder müssen ermuntert werden, ihren Entwurf zu ändern; irrationale Kinder brauchen Ermutigung, damit sie mit dem Schreiben beginnen.

Kapitel 7

Praktische Typologie für Eltern

Positive Beziehungen stützen sich im wesentlichen auf zwei Säulen: gemeinsame Erlebnisse und Respekt für die Einzigartigkeit des anderen.

Gemeinsame Erlebnisse sind die Grundlage einer Beziehung. Manche Eltern und Kinder wohnen zwar im selben Haus, teilen aber ihre Erlebnisse nicht miteinander. Geschiedene Eltern leben mitunter weit von ihren Kindern entfernt, aber die räumliche Distanz macht gemeinsame Erlebnisse nicht unmöglich. Sowohl direkte wie auch indirekte Kontakte können die Quelle von Gemeinsamkeiten sein, also auch Telefongespräche und Briefe. Interaktion erfordert Geben und Nehmen; sie kann nicht einseitig sein.

Was den Respekt für die Einzigartigkeit des anderen betrifft, so müssen die Beteiligten nicht gleich denken und handeln. Zwei Menschen können völlig verschieden und dennoch imstande sein, die Ansichten und Verhaltensweisen des anderen zu schätzen. Wertschätzung und Toleranz sind nicht dasselbe. Oft sagt ein Partner: «Ich habe gelernt, mit ihm/ihr zu leben. Man kann die Menschen eben nicht ändern.» Wer gelernt hat, mit einem Menschen und seinen typischen Merkmalen oder seinem Verhalten zu leben, der toleriert diesen Menschen, aber er respektiert ihn nicht. Individuelle Unterschiede zu tolerieren trägt nicht zum Wachstum der Beziehung bei. Damit sich eine positive Beziehung entwickelt, müssen sowohl gemeinsame Erlebnisse wie auch Respekt für die individuellen Unterschiede vorhanden sein.

Erwachsene befinden sich gegenüber Kindern von Natur aus in einer Position der Macht

Wenn wir eine positive Beziehung zwischen Eltern und sich entwickelnden Kindern anstreben, müssen wir uns mit der Macht befassen, die Eltern über kleine Kinder ausüben. Kinder, deren Überleben von Erwachsenen abhängt, nehmen immer wahr, daß Erwachsene sich ihnen gegenüber in einem emotionalen Vorteil befinden. Was die Eltern sagen, kann wegen ihrer Machtposition einen größeren Einfluß auf Kinder haben. Bei Heranwachsenden läßt dieser Eindruck einer elterlichen Machtposition zwar allmählich nach, aber er bleibt in gewissem Umfang bestehen. Manche Leute zweifeln daran, daß Erwachsene in den Augen der Kinder auch heute noch die Mächtigen sind, zumal viele Kinder den Eindruck erwecken, recht unabhängig zu sein und sich vor Erwachsenen nicht zu fürchten. Das bedeutet jedoch nicht, daß sie glauben, den Erwachsenen ebenbürtig zu sein. Die Worte und Taten der Eltern können das Denken und Verhalten von Kindern stark beeinflussen.

Eltern, die Typenunterschiede verstehen, erkennen besser, welche Verhaltensweisen ihrer Kinder normal und welche korrekturbedürftig sind

Eltern und Kinder erleben in den Jahren der kindlichen Entwicklung immer wieder Konflikte. Manche Eltern-Kind-Probleme lassen sich nicht leicht lösen. Negative Faktoren in einer Familie – zum Beispiel Alkoholismus – können verhindern, daß Eltern und Kinder durch gemeinsame Erlebnisse und Respekt für individuelle Unterschiede eine positive Beziehung aufbauen. Manche Konflikte sind unvermeidlich, wenn Kinder erwachsen werden und nach Unabhängigkeit streben. Andere

Probleme entstehen, weil Eltern und Kinder die normalen, gesunden Unterschiede zwischen den Menschen nicht verstehen. Sie erwarten, daß alle ähnlich denken und fühlen, und diese Erwartung bestimmt, was sie für normal und akzeptabel halten. Wenn Eltern gegenüber den normalen Varianten der Persönlichkeit unsensibel sind, fällt es ihnen schwer, gewisse normale Verhaltensweisen ihrer Kinder zu akzeptieren. Wer normale Unterschiede nicht versteht, der schätzt Verhaltensweisen, die ihm nicht vertraut sind, erst recht nicht. Das Wissen um Typenunterschiede kann erklären helfen, warum manche Eltern Verhaltensweisen bestrafen, die andere fördern. Nehmen wir zwei vom Typ her ähnliche Kinder aus verschiedenen Familien als Beispiel. Beide waren mutig, spontan und immer auf der Suche nach neuen Erfahrungen. Ein Freund beider Kinder war ein bekannter Golfspieler. Die Kinder wollten ihn bitten, sie auf den Golfplatz mitzunehmen, obwohl sie noch nicht oft gespielt hatten. Die eine Familie sagte: «Fragen kostet nichts» und ermutigte ihr Kind. Die andere Familie sagte: «Belästige ihn nicht. Wenn er dich mitnehmen will, wird er es dir sagen.» Diese Eltern erlaubten dem Kind nicht, auf den Profi zuzugehen. Beide Kinder folgten ihrem natürlichen Instinkt, und beide Elternpaare «filterten» das Verhalten ihres Kindes und entschieden dann, ob es akzeptabel war oder nicht. Wer über die normalen Persönlichkeitsunterschiede informiert ist, kann sie leichter akzeptieren und dadurch die Beziehung zu Kindern verbessern.

Die Umwelt beeinflußt die Persönlichkeitsentwicklung, aber sie legt sie nicht fest

Manche Eltern halten Umwelteinflüsse für den Faktor, der die gesamte Persönlichkeit ihres Kindes formt. Sie betrachten also das Neugeborene als «unbeschriebenes Blatt», dessen Persönlichkeit durch die Ereignisse des Lebens geprägt wird. Nach dieser Theorie kann ein Kind alles werden, vorausgesetzt, die äußeren Umstände sind «richtig». Heute nehmen die meisten Psychologen jedoch an, daß Präferenzen in höherem Maße angeboren sind. Die Theorie vom unbeschriebenen Blatt leugnet angeborene Präferenzen, während die Lehre von den Persönlichkeitstypen annimmt, daß jedes Kind mit einer Neigung zu bestimmten Präferenzen geboren wird und daß diese sich während des Lebens eines Menschen entwickeln. Ereignisse können die Entwicklung fördern oder hemmen. Die Umwelt beeinflußt also die Entwicklung, bestimmt aber nicht die gesamte Persönlichkeit. Persönlichkeitsmerkmale, die auf dem psychologischen Typ beruhen, sind normale, gesunde Unterschiede, die wir pflegen sollten.

Eltern, die nichts über Typen wissen, neigen dazu, ihre Eindrücke und Wahrnehmungen auf ihre Kinder zu projizieren

Studien belegen die Beobachtung, daß die meisten Eltern ihre Kinder so erziehen, wie sie selbst erzogen wurden, es sei denn, man hat ihnen andere Methoden beigebracht. Ohne Wissen um die natürlichen Unterschiede zwischen den Persönlichkeitstypen unterstellen viele Erwachsene, daß ihre Kinder bestimmte Situationen so erleben, wie sie sie als Kinder erlebt haben. Das ist vielleicht eine Erklärung dafür, daß viele Eltern ihren Kindern «Chancen, die wir nie gehabt haben» verschaffen oder ihnen «das tolle Kleid, das wir uns nicht leisten konnten» kaufen wollen. Diese Eltern projizieren ihre eigenen Wünsche auf ihre Kinder, als interpretiere das Kind Ereignisse so wie sie und als habe es die gleichen Interessen. Viele Erwachsene versuchen sich an ihre Kindheit zu erinnern, weil sie gegenüber den Bedürfnissen ihrer heranwachsenden Kinder sensibler werden möchten. Das kann nützlich sein, wenn Erwachsene und Kinder dem gleichen Persönlichkeitstyp angehören oder wenn der Erwachsene sich vor allem an jene Kindheitserlebnisse erinnert, die ihm helfen können, die grundlegenden Bedürfnisse des sich entwickelnden Kindes zu verstehen. Wickes (1966) weist darauf hin, daß die Projektionen der Eltern die Entwicklung des Kindes beeinflussen können. Das Kind ist «der Gnade der Psychologie des Erwachsenen ausgeliefert, mit dem es in Kontakt kommt» (S. 109). Die Erwartungen und Bewertungen des Erwachsenen formen die Entwicklung des Kindes. Wenn Eltern die verschiedenen Typen nicht respektieren, versuchen sie möglicherweise, das Kind nach ihrer Persönlichkeit zu formen, anstatt seine natürlichen Präferenzen zu fördern.

Manche Kinder verfälschen ihren Typ, indem sie die Präferenzen der wichtigen Erwachsenen in ihrer Umgebung imitieren

Manchmal ist die Persönlichkeit eines Elternteils oder Lehrers so überwältigend, daß ein Kind sich gezwungen sieht, Verhaltensweisen des Erwachsenen nachzuahmen, anstatt seine eigenen, natürlichen Reaktionen auszudrücken. Wenn ein Kind beispielsweise ein irrationaler Fühltyp ist und der Vater die Neigung zu einer rationalen Einstellung hat, dann schätzt der Erwachsene Vorausplanung, Vorbereitung und abgeschlossene Arbeiten. Der Vater legt Wert darauf, daß Schulaufgaben pünktlich erledigt werden und daß die Schule ihn rechtzeitig über freie Tage, Gebühren und Elternsprechtage informiert. Er erwartet, daß sein Kind weiß, wie lange es für eine Hausarbeit braucht, welches Material es sich besorgen muß und wie es wirkungsvoll bis zum Erfolg arbeitet. Solche Erwartungen hält ein rationaler Erwachsener für vernünftig; aber sie sind nicht typisch für ein irrationales Kind. Im Gegensatz zu den Erwartungen des rationalen Vaters möchte das irrationale Kind sich alle Möglichkeiten bis zuletzt offenhalten; es vergißt leicht, Schularbeiten abzugeben oder seine Notizen aus der Schule mitzubringen, und oft sucht es das benötigte Material in letzter Minute. Als Fühltyp möchte das Kind zu Hause gelobt und geschätzt werden, und es braucht unbedingt Bestätigung durch die Eltern. Wenn der Vater außerstande ist, die natürlichen Unterschiede zwischen seiner rationalen Einstellung und der irrationalen Einstellung des Kindes zu respektieren, faßt das Kind dies möglicherweise als Kritik an seinen irrationalen Verhaltensweisen auf, und vielleicht beginnt es, sich wie ein rationales Kind zu benehmen, um dem Vater zu gefallen – obwohl die natürliche Einstellung des Kindes sich nicht geändert hat. Gegen seine natürlichen Präferenzen zu handeln ist für das Kind anstrengender, vor allem wenn zwischen ihm und dem Elternteil eine enge Bindung besteht. Ein solcher Wechsel im Ausdruck der Präferenzen kann die Entwicklung der natürlichen Präferenzen hemmen. Wickes (1966) erläutert: «Diese Verwirrung ruft ein Gefühl der Unwirklichkeit hervor und macht die Integration der Persönlichkeit schwierig.» (S. 110) Das Kind kann seine eigenen Präferenzen nicht entwickeln und integrieren, wenn es versucht, Präferenzen eines anderen zu imitieren.

Auch Jung beschäftigte sich mit dem Einfluß, den die Persönlichkeit der Eltern auf die sich entwickelnde kindliche Persönlichkeit hat. Wenn die Persönlichkeit der Eltern eine so starke Wirkung auf das Kind ausübt, daß es beginnt, wie die Eltern zu denken und zu handeln, besteht die Gefahr, daß es die natürlichen Talente seines eigenen Typs niemals entwickelt und nach außen hin eine Persönlichkeit «spielt», die seinen natürlichen, inneren Präferenzen entgegengesetzt ist. Diese Verfälschung des Typs kann starken emotionalen Streß auslösen und sogar dem körperlichen Wohlbefinden des Kindes schaden und zu Erschöpfung führen. Das Problem läßt sich lösen, wenn das Kind die Möglichkeit bekommt, seine natürlichen Präferenzen zu entwickeln und auszudrücken.

Respekt vor Typenunterschieden ist eine Möglichkeit, Kindern zu zeigen, daß man sie liebt und akzeptiert

Woher wissen Eltern, was sie tun sollen oder wie sie die Entwicklung normaler Unterschiede bei ihren Kindern fördern können? Zunächst einmal brauchen alle Kinder die Gewißheit, geliebt und akzeptiert zu werden. Eine normale Entwicklung setzt eine sichere und liebevolle Umwelt voraus, andernfalls hemmen die Anforderungen der Umwelt den kindlichen Entwicklungsprozeß.

Respekt für die unterschiedliche Entwicklung bei Kindern und ein Umfeld, das die Erforschung und Entfaltung der Unterschiede fördert, befriedigen die kindlichen Bedürfnisse. Eltern können Unterschiede hauptsächlich auf zweierlei Weise respektieren: durch ihre Einstellung und durch ihr Tun. Um die Kluft zwischen ihnen und Kindern durch ihre *Einstellung* zu überbrücken, müssen sie das Recht des Kindes auf einen anderen Persönlichkeitstyp anerkennen; um die Kluft durch ihr *Tun* zu überbrücken, müssen sie dem Kind Erfahrungen vermitteln, welche die Entwicklung der natürlichen Talente fördern.

Viele Eltern interessiert nur, wie sie gerade mit ihrem Kind umgehen sollen. Darauf gibt es keine allgemeingültige Ant-wort, weil jedes Kind einzigartig ist. Der Typ kann dazu beitragen, natürliche Präferenzen zu erklären; aber all die Funktionen und Einstellungen, die die sechzehn Persönlichkeitstypen beschreiben, finden sich in jedem Menschen. Der Typ hilft uns, Verhaltensweisen zu verstehen, die wir beobachten, und bessere Methoden des Lehrens und der Kommunikation zu entwickeln, aber er sagt nicht das Verhalten voraus.

Das Wissen um Typenunterschiede ist keine Garantie dafür, daß diese Unterschiede den Menschen zusagen

Manche Eltern verstehen, daß es normale, gesunde Unterschiede gibt; dennoch fällt es ihnen mitunter schwer, ihr Kind zu ertragen. Das Wissen um Typenunterschiede macht es nicht unbedingt leichter, das Verhalten eines Kindes zu tolerieren. Wenn die Eltern gerne vorausplanen und das Kind seine Schulsachen ständig in letzter Minute zusammensucht, kann es durchaus sein, daß die Eltern sich über diese Schlamperei ärgern. Der Typ hilft bei der Feststellung, welche Verhaltensweisen dem Kind leichter und welche ihm schwerer fallen. Der Typ erklärt uns auch, warum das Verhalten von Geschwistern, die in derselben Umwelt aufwachsen, so unglaublich verschieden sein kann. Viele Eltern belohnen Kinder, wenn sie die gleichen Fertigkeiten entwickeln, und sie begreifen nicht, daß unterschiedliche Kinder für den Erwerb bestimmter Fertigkeiten eine unterschiedliche Konzentration und Energiemenge benötigen.

Nehmen wir an, ein Kind in der Familie ist ein rationaler, das andere ein irrationaler Typ. Beide bekommen Hausschlüssel. Das rationale Kind weiß immer, wo es den Schlüssel hingelegt hat, das irrationale Kind verliert den Schlüssel immer wieder. Eltern, die über Typen informiert sind, verstehen nun, daß es dem rationalen Kind keine Mühe macht, seinen Hausschlüssel ordentlich aufzubewahren, während das irrationale Kind sich dabei gehörig anstrengen muß. Wer unterstellt, daß beide die gleiche Leistung vollbringen müssen, leugnet diese angeborenen Unterschiede. Die Eltern dürfen von beiden Kindern verlangen, auf den Schlüssel aufzupassen; aber das eine Kind braucht Unterstützung, damit es lernt, wie es das fertigbringt.

Auch Kinder können Typenunterschiede verstehen

Wenn Kinder etwas von Typen verstehen, verstehen sie auch ihre Eltern besser. Sie sehen zum Beispiel leichter ein, daß ihre Eltern etwas Zeit für sich selbst brauchen oder daß sie ab und zu alleine ausgehen wollen. Für introvertierte Erwachsene ist es anstrengend, wenn sie sich den ganzen Tag lang mit anderen unterhalten müssen. Sie schätzen es, wenn sie etwas Zeit haben, sich zu sammeln, und danach macht es ihnen wieder Spaß, mit den Kindern zusammenzusein. Manche introvertierte Eltern berichten, daß starke Spannungen die Folge sind und das Verhältnis zu den Kindern sich verschlechtert, wenn sie sich diese fünfzehn oder zwanzig ruhigen Minuten nicht gönnen, sondern sich sofort um die Kinder kümmern. Kinder verstehen den Wunsch ihrer Eltern nach Ruhe besser, wenn ihnen klar ist, daß die Eltern ihnen später zuhören werden.

Taten sagen oft mehr als Worte

Kinder lernen, indem sie andere beobachten, wie das folgende Beispiel belegt: Eine Familie, die über Typenunterschiede Bescheid wußte, bestand aus drei Introvertierten und einem Extravertierten. Mit der Zeit fing das extravertierte Kind an, sich zu Hause introvertierter zu verhalten als außerhalb. Obwohl das Kind die emotionale Freiheit hatte, extravertiert zu sein, und sogar verbal dazu ermutigt wurde, gab es zu Hause kein extravertiertes Vorbild, da es ja ständig von Introvertierten umgeben war. Das Kind mußte also anderswo nach extravertierten Vorbildern suchen.

Eltern können ihre eigenen Präferenzen nicht ändern; aber sie können Verständnis für die Bedürfnisse von Kindern haben, die einem anderen Typ angehören als sie oder als die Geschwister. Die Einsicht, daß bestimmte Fertigkeiten für ein Kind natürlicher sein können als für ein anderes, trägt zu einer besseren Beziehung zwischen Eltern und Kindern bei. Eltern, die das Recht ihrer Kinder respektieren, eine Fertigkeit zu üben und zu verbessern, können eher ein positives Verhältnis zu ihren Kindern herstellen als Eltern, die von ihren Kindern ein bestimmtes Verhalten erwarten, nur weil es für andere Kinder im gleichen Alter typisch ist. Es ist fair, von allen Kindern zu verlangen, daß sie bestimmte Aufgaben lösen; aber wenn wir Kindern, die verschiedenen Typen angehören, beibringen, wie sie ein Ziel erreichen, sollten wir flexibel sein.

Familien, die positive Beziehungen aufbauen wollen, können einen Weg finden

In den folgenden Kapiteln finden Sie Vorschläge für den Umgang mit Kindern aller sechzehn Persönlichkeitstypen. Nicht alle diese Anregungen sind für sämtliche Eltern geeignet, da es vom Typ der Eltern abhängt, was ihnen zusagt. In jeder Beziehung müssen alle Beteiligten Rücksicht auf den Typ der anderen nehmen. Familien können ihren eigenen Weg zu positiven Beziehungen finden, wenn sie Einstellungen und Verhaltensweisen fördern, die die Einzigartigkeit jedes Familienmitgliedes respektieren.

Zusammenfassung

Der Aufbau guter Beziehungen innerhalb der Familie erfordert positive Interaktionen und Respekt für die Besonderheiten aller Familienmitglieder. Die Typenlehre hilft, diese Unterschiede zu erkennen.

- Ein gutes Zusammenspiel und Wertschätzung für die individuelle Entwicklung des anderen sind Voraussetzung für positive Beziehungen zwischen Eltern und Kindern.
- Erwachsene befinden sich gegenüber Kindern in einer natürlichen Machtposition.
- Wenn wir über Typenunterschiede Bescheid wissen, verstehen wir besser, welche Verhaltensweisen normal und welche korrekturbedürftig sind.
- Die Umwelt beeinflußt die Persönlichkeitsentwicklung, aber sie legt sie nicht fest.
- Eltern, die nichts über die Typen wissen, projizieren oft ihre Eindrücke und Bewertungen auf Kinder.
- Manche Kinder verfälschen ihren Typ, indem sie die Präferenzen von Erwachsenen imitieren, die ihnen nahestehen.
- Es kann anstrengend sein, den eigenen natürlichen Präferenzen zuwiderzuhandeln.
- Die Einstellung und das Tun können positive Beziehungen zwischen Erwachsenen und Kindern herbeiführen.
- Respekt für Typenunterschiede trägt dazu bei, Kindern das Gefühl zu vermitteln, daß man sie liebt und akzeptiert.
- Über Typenunterschiede informiert zu sein, heißt nicht unbedingt, daß man diese Unterschiede schätzt.
- Kinder, die über Typen Bescheid wissen, verstehen das Verhalten ihrer Eltern besser.
- Das Verhalten von Vorbildern kann Kinder ebenso stark beeinflussen wie verbale Ermutigung.
- In jeder Beziehung müssen alle Beteiligten auf den Typ der anderen Rücksicht nehmen.

Kapitel 8

Praktische Typologie für Lehrer

Für die Typenlehre gibt es in der Schule mindestens ebenso viele Anwendungsmöglichkeiten wie zu Hause, da ein positives Verhältnis zwischen Lehrern und Schülern Voraussetzung für ein erfolgreiches Ergebnis ist. Es ist überaus wichtig, daß Lehrer über die Unterschiede zwischen den Persönlichkeitstypen Bescheid wissen. Wenn sie diese Unterschiede verstehen, können sie ihren Unterricht, den Aufbau von Klassenarbeiten und die im Klassenzimmer geltenden Regeln danach ausrichten. Ein Unterricht, der die verschiedenen Arbeitsweisen der Schüler berücksichtigt, sollte zu besseren Leistungen führen und das Klassenzimmer zu einem angenehmeren Aufenthaltsort für Lehrer und Schüler machen.

Der Persönlichkeitstyp des Lehrers beeinflußt seine Unterrichtsgestaltung

Mehrere Gruppen von Lehrern nahmen an einigen Workshops teil. Während der praktischen Übungen wurden die Lehrer entsprechend ihrer Zugehörigkeit zum rationalen oder irrationalen Typ in zwei Gruppen eingeteilt und gebeten, einen Leseunterricht zu planen, der Schülern drei Vokabeln vermitteln sollte. Die Schüler sollten die neuen Wörter lesen, bestimmen und in einem neuen Kontext benutzen. Anschließend wurden die Unterrichtspläne der beiden Gruppen miteinander verglichen.

Empfindende Lehrer entschieden sich oft dafür, jedes Wort einzuführen, die Buchstaben, Laute und Silben zu untersuchen und den Begriff phonetisch zu analysieren. Dann sollten die Schüler herausfinden, welches der drei Wörter in vorgegebene Sätze paßte, und schließlich sollten sie drei neue Sätze mit diesen Wörtern bilden.

Intuitive Lehrer nannten dieses Unterrichtskonzept häufig langweilig und wenig motivierend. Sie fingen fast immer mit einer Geschichte an, in der die drei Ausdrücke vorkamen. Einmal wurden die Begriffe *wunderschön, Anwalt* und *Irrgarten* ausgesucht. Intuitive Lehrer entwarfen eine Geschichte, in der eine wunderschöne Prinzessin in einem Turm gefangen war. Ein Prinz mußte den Weg durch einen Irrgarten finden, um die Gefangene zu retten. Nach der Befreiung kam der Peiniger der Prinzessin vor Gericht und benötigte die Hilfe seines Anwaltes. Die Geschichten waren ausgeklügelt, und die Zielwörter kamen häufig darin vor; sie enthielten jedoch keine echte Definition, da die Schüler die Bedeutung der Begriffe aus dem Zusammenhang erschließen sollten. Das fällt intuitiven Schülern leichter als empfindenden.

Die Unterrichtspläne wurden später mit Schülern «durchgespielt». Empfindende Schüler, die sich die Geschichten der intuitiven Lehrer anhörten, hatten ihren Spaß daran – aber sie fragten, wann der Unterricht endlich anfange. Sie sagten, sie könnten die Bedeutung der Wörter nicht herausfinden und die Geschichten enthielten derart viele Wörter, daß sie am Ende nicht einmal wüßten, um welche Begriffe es gehe. Intuitiven Kindern gefiel dagegen diese Methode; den Unterricht der empfindenden Lehrer fanden sie langweilig.

Der Unterricht entspricht meist dem Persönlichkeitstyp des Lehrers. Empfindende Kinder schätzen es, wenn der Stoff der Reihe nach dargeboten wird, wie empfindende Lehrer es gewöhnlich tun, und intuitiven Kindern gefällt die ganzheitliche

Methode der intuitiven Lehrer. Der Unterricht muß nicht unbedingt völlig auf den Typ des Schülers zugeschnitten sein; aber wir müssen im Auge behalten, daß manche Lehrer jenen Schülern, die einem anderen Typ angehören, in der Gestaltung der Lehreinheit nie entgegenkommen. Ein Lehrer, der über Typen Bescheid weiß und auf die natürlichen Unterschiede, die sich noch entwickeln, Rücksicht nimmt, kann seinen Unterricht so ausgewogen gestalten, daß Schüler aller Persönlichkeitstypen davon profitieren.

Der Persönlichkeitstyp des Lehrers beeinflußt die Gestaltung von Klassenarbeiten

Bei Klassenarbeiten müssen die Schüler zum Beispiel die richtige von mehreren vorgegebenen Antworten ankreuzen, Begriffe zuordnen oder einen kurzen oder langen Aufsatz schreiben.

In einem anderen Workshop wurden die Lehrer entsprechend ihrem Persönlichkeitstyp – Empfindungs-, Intuitions-, Denk- oder Fühltyp – in vier Gruppen eingeteilt. Sie sollten drei Testfragen entwerfen, um den Wissensstand einer Klasse zu überprüfen, die eben einen Intensivkurs über die Gefahren des Drogenkonsums hinter sich gebracht hatte. Jede Gruppe formulierte verschiedene Fragen, und bei der anschließenden Diskussion stellte sich heraus, daß es den Gruppen schwerfiel, die Fragen der anderen Gruppen zu beantworten oder zu bewerten. Beispiele der verschiedenen Fragentypen finden Sie in Tabelle 7.

Diese Fragen illustrieren, daß Lehrer, die verschiedenen Typen angehören, auch verschiedene Prüfungsfragen entwerfen. Der Versuch wurde mindestens zwanzigmal wiederholt, und es zeigte sich, daß Gruppen, die nach der Typenzugehörigkeit zusammengestellt worden waren, immer wieder ähnliche Fragen formulierten. Empfindende Lehrer konzentrieren sich auf die Details der Informationen, die sie den Schülern vermitteln; intuitive Lehrer entwerfen Aufsatzthemen; denkende Lehrer formulieren «Warum?»-Fragen; und fühlende Lehrer fragen nach den Auswirkungen auf Menschen. Die natürlichen Unterschiede zwischen Erwachsenen mit verschiedenen Präferenzen spiegeln sich in den Prüfungsfragen wider. Wichtig dabei ist, daß Kinder aller Typen Fragen beantworten müssen, die ein Lehrer mit einer bestimmten Präferenz entworfen hat. Ein Lehrer, der sich um ausgewogene Fragen bemüht, die Rücksicht auf den Typ aller Schüler nehmen, wird feststellen, daß seine Schüler erfolgreicher abschneiden: Die Schüler arbeiten nicht unbedingt mehr; aber sie können besser zeigen, was sie gelernt haben.

Tabelle 7: Vorgeschlagene Testfragen nach Typen

Empfindungstyp

1. Nenne drei Gründe, warum Menschen Drogen probieren:

a)

b)

c)

2. Nenne und beschreibe die wichtigsten Drogenarten und ihre Wirkung auf den menschlichen Körper.
3. Erkläre anhand eines Beispiels, welche nachteiligen Wirkungen Drogen für berühmte Leute haben können.

Intuitiver Typ

1. Ist der Krieg gegen Drogen erfolgreich? Warum oder warum nicht?
2. Wenn du der Präsident der USA wärst, was würdest du tun, um jungen Menschen zu helfen?
3. Formuliere drei Fragen und erläutere in kurzen Aufsätzen, warum diese das Thema abdecken.

Denktyp

1. Warum sollen wir «nein» zu Drogen sagen?
2. Sollten Drogen gesetzlich erlaubt sein? Warum oder warum nicht? Begründe deine Antwort.
3. Wie würdest du Drogenhändler bestrafen?

Fühltyp

1. Wie kannst du deinen besten Freund davon überzeugen, daß er keine Drogen nehmen sollte?
2. Was soll/kann die Gesellschaft deiner Meinung nach tun, um den Krieg gegen die Drogen zu gewinnen?
3. Welche Auswirkungen hat der Drogenkonsum auf die ganze Familie?

Typenunterschiede beeinflussen die Regeln, die im Klassenzimmer gelten

Der Persönlichkeitstyp des Lehrers wirkt sich auch auf die Atmosphäre im Klassenzimmer aus. Das kann zu Problemen führen, wenn ein Kind einem anderen Typ angehört. Ein Beispiel aus einer Schule möge diesen Punkt erläutern: Eine Gruppe von Schülern, die von einem Klassenzimmer zum anderen ging, wurde beobachtet. In einem Klassenzimmer saßen die Kinder völlig ruhig da, hoben die Hand, um sich zu melden, sprachen nur, wenn der Lehrer sie etwas fragte, und machten keinen Lärm. Einige Schüler in der Klasse waren konzentriert und interessiert, andere langweilten sich und paßten nicht auf. Nach dem Unterricht standen die Schüler auf, gingen in ein benachbartes Klassenzimmer und benahmen sich plötzlich anders – man hatte den Eindruck, andere Kinder vor sich zu haben. Alle unterhielten sich und saßen legerer am Tisch. Während der Diskussion eines gemeinschaftskundlichen Themas führten viele Schüler Privatgespräche oder sprachen ihre Ideen laut aus.

Manche Schüler nickten und kommentierten die Beiträge anderer. Der Geräuschpegel im Klassenzimmer war hoch, ebenso der Energiepegel der Schüler. Als die Klasse aufgefordert wurde, einen Bericht über das Thema zu schreiben, arbeiteten einige in Gruppen, andere allein. Manche Schüler fühlten sich vom Unterricht angeregt, anderen fiel es schwer, einen Platz zu finden, wo sie sich auf die Aufgabe konzentrieren konnten. Die Verhältnisse in beiden Klassenzimmern spiegelten eher den Persönlichkeitstyp des Lehrers wider, und in beiden waren einige Kinder aufmerksam, andere fühlten sich unwohl. Die Typenlehre kann dazu beitragen, die unterschiedlichen Bedürfnisse der Schüler zu erklären, die nicht das geringste mit Begabung, Fleiß oder Motivation zu tun haben.

Die zum Überlegen erforderliche Zeit ist bei Extravertierten und Introvertierten verschieden

Die Zeit, die ein Lehrer seinen Schülern zugesteht, damit sie ihre Gedanken sammeln, bevor sie auf eine Frage antworten, ist davon abhängig, wie der Lehrer mit der Welt interagiert – entweder extravertiert oder introvertiert. In einer Studie beobachteten ein extravertierter und ein introvertierter Lehrer den Unterricht des anderen. Anschließend wurden sie gefragt, ob ihre Schüler genügend Zeit gehabt hätten, vor der Antwort auf eine Frage nachzudenken. Beide Lehrer waren davon überzeugt. Dann fragte man den extravertierten Lehrer, ob der Introvertierte den Schülern ausreichend Zeit zum Überlegen zugestehe. Er antwortete: «Sie hatten viel zuviel Zeit. Der Unterricht wurde immer schleppender, und einige Kinder langweilten sich.» Die gleiche Frage wurde auch dem introvertierten Lehrer gestellt, und er sagte: «Nein, die Zeit war zu kurz. Die Kinder konnten gar nicht richtig nachdenken.» Beide Lehrer maßen die Bedenkzeit, die der andere den Schülern eingeräumt hatte, an ihrer Präferenz, nicht an den Präferenzen der Schüler.

Manche Lehrer beurteilen die Leistung ihrer Schüler nach ihrer persönlichen Präferenz

Lehrer müssen oft beurteilen, wie ein Schüler im Unterricht mitarbeitet. Dabei reagieren extravertierte und introvertierte Lehrer auf bestimmte Verhaltensweisen der Schüler unterschiedlich, wie das folgende Beispiel verdeutlicht.

Ein extravertierter Lehrer wurde gebeten, eine Gruppendiskussion über ein ausgewähltes Thema zu leiten. Nach zwanzig Minuten sollte er beurteilen, wie gut jeder Schüler sich an der Diskussion beteiligt hatte. Der extravertierte Lehrer ging durchs Zimmer und deutete auf die Schüler, die gut mitgemacht hatten: «Sie hat etwas gesagt, und er hat genickt. Sie hat ebenfalls gesprochen, und sie hat mich angesehen. Auch er hat seine Meinung gesagt.» Dann benannte der Lehrer die Schüler, die sich nicht beteiligt hatten: «Aber sie hat nicht mitgemacht, er auch nicht, und sie ebenfalls nicht.» Die passiven Schüler wurden gefragt, was sie von der Einschätzung des Lehrers hielten. Die meisten ärgerten sich darüber, daß der Lehrer behauptet hatte, sie hätten sich nicht beteiligt. Sie hatten alle verstanden, worum es gegangen war; aber sie hatten ihre Gedanken nicht genügend ausformuliert, um sie anderen mitzuteilen. Einige Schüler, die der Lehrer als aktiv eingestuft hatte, gaben zu, daß sie die Diskussion nach ihrem Beitrag nicht mehr verfolgt hatten. Würde ein extravertierter Lehrer sich an einer Diskussion beteiligen, würde er wahrscheinlich reden, Augenkontakt halten, nicken und durch Körpersprache mitteilen: «Ich bin dabei» – und genau das erwartete der extravertierte Lehrer auch von seinen Schülern. Da er jedoch nichts von Introversion verstand, beurteilte er das Engagement der introvertierten Schüler falsch. Wenn ein Lehrer korrekt beurteilen will, ob Schüler sich an einer Diskussion beteiligen, sollte er sich nicht nach dem äußeren Verhalten richten. Er kann die Schüler beispielsweise nach dem Gespräch bitten, in drei oder vier Sätzen niederzuschreiben, was sie aus der Diskussion gelernt haben. Können die Schüler auf diese Weise belegen, daß sie den Stoff gelernt haben, so haben sie sich an der Diskussion beteiligt, einerlei, ob sie sich geäußert haben oder nicht. Diese Methode ist natürlich nicht brauchbar, wenn es darum geht, vor einer Gruppe zu sprechen; aber man kann sie bei den meisten Diskussionen im Klassenzimmer anwenden, die Informationen vermitteln sollen.

Die Nachbesprechung ist eine Strategie, die allen Typen entgegenkommt

Eine Nachbesprechung ist ein Prozeß, der es dem Lehrer erlaubt, nach einer Diskussion auf die Bedürfnisse aller Typen einzugehen. Wenn die Schüler über Typenunterschiede informiert sind, kann der Lehrer die entsprechenden Bezeichnungen benutzen; wenn sie nicht darüber Bescheid wissen, kann er Beispiele heranziehen. Das Ergebnis ist in beiden Fällen ähnlich. Eine gut geplante Diskussion sollte jede Funktion – die empfindende, die intuitive, die denkende und die fühlende – ansprechen. Bei der Nachbesprechung der Diskussion kann man bestimmte Beiträge als Beispiele benutzen. Nehmen wir einmal an, eine Gruppe diskutiert über Umweltprobleme. Am Ende der Diskussion kann der Lehrer sagen: «Schauen wir uns einige wichtige Beiträge noch einmal an. Jim, du hast die Probleme, die wir mit Autoabgasen haben, sehr klar dargestellt. Jane, du hast uns aufgezeigt, welche Auswirkung die Umwelt auf andere Bereiche hat. Deine Ausführungen über den Zusammenhang zwischen Recyclingpapier und der Zerstörung der Regenwälder hat uns geholfen, die Angelegenheit globaler zu sehen. John, danke für deine Bemerkungen über Fluorchlorkohlenwasserstoffe und die Notwendigkeit, ihre Freisetzung in die Atmosphäre einzuschränken. Jill, du hast unsere Aufmerksamkeit auf die Menschen gelenkt und beschrieben, wie jeder einzelne von uns zur Lösung der Umweltprobleme beitragen kann.» Wären die Schüler über Typen informiert gewesen, hätte der Lehrer sagen können: «Jim, danke für deinen empfindenden Standpunkt, der so viele Informationen über Autoabgase einschloß. Jane, deine intuitive Perspektive hat uns geholfen, das Gesamtbild zu sehen. John, dein denkender Blickwinkel hat uns gezeigt, wie Systeme logisch zusammenarbeiten können, um ein gemeinsames Problem zu lösen. Und du, Jill, hast uns durch deinen fühlenden Standpunkt die Probleme der betroffenen Menschen nähergebracht.» Die Schüler müssen nicht unbedingt über Typenunterschiede Bescheid wissen, um die verschiedenen Denkweisen zu respektieren – aber der Lehrer muß darüber informiert sein. Obwohl der Lehrer in unserem Beispiel nur vier Schüler namentlich erwähnt hat, haben andere Schüler, die dem gleichen Typ angehören, das Gefühl, daß ihre Ideen ebenfalls anerkannt werden. Dieser Rückblick dauert etwa eine Minute, und seine Wirkung ist oft enorm. Gruppendiskussionen richten sich zu oft nach der Präferenz des Lehrers, weil dieser unbewußt Signale aussendet, die der Klasse zu verstehen geben, daß ein bestimmter Schwerpunkt wichtiger oder wertvoller ist. Wenn der Lehrer sich bemüht, die Beiträge von Schülern mit unterschiedlichen Präferenzen anzuerkennen, ist die Gefahr geringer, daß die Diskussion sich nach der Präferenz des Lehrers ausrichtet. Lehrer, die Diskussionen in der Klasse nachbesprechen und dabei Typenunterschiede berücksichtigen wollen, sollten auf folgendes achten:

- Einzelheiten kommen dem Empfindungstyp entgegen.
- Themen und allgemeine Formulierungen sagen dem intuitiven Typ zu.
- Systematische, gegliederte Ausführungen sprechen den Denktyp an.
- Probleme, die mit Menschen zu tun haben, interessieren den Fühltyp.

Der Typ beeinflußt die Unterrichtsmethode

Der Persönlichkeitstyp des Lehrers hat Einfluß darauf, wie er den Stoff darstellt, wie er den Unterricht plant und welche Regeln er im Klassenzimmer aufstellt. Der Persönlichkeitstyp des Schülers hat Einfluß darauf, wie der Schüler Informationen aufnimmt und weitergibt. Lehren und Lernen schaffen eine Beziehung zwischen Lehrern und Schülern, und je mehr wir tun, um diese Beziehung zu verbessern, desto mehr lernen die Kinder. Eltern und Lehrer sollten verstehen, daß es manchen Kindern schwerfällt, etwas zu lernen, was andere mühelos bewältigen. Ein Lehrer, der das Recht des Kindes anerkennt, eine Fertigkeit zu üben und zu verbessern, kann zu dem Kind ein besseres Verhältnis herstellen als ein Kollege, der von einem Kind nur deshalb ein bestimmtes Verhalten erwartet, weil andere Kinder im gleichen Alter sich so verhalten.

Der Typ darf nicht als Entschuldigung dafür herhalten, daß ein Ausbildungsziel nicht erreicht wird

Wenn Lehrer zum erstenmal etwas über Typen hören, stellen sie oft die Frage, ob es fair ist, jedem Typ die gleichen Aufgaben zu stellen. Wenn eine Aufgabe gut konzipiert und verständlich ist, dann darf man von *allen* Schülern verlangen, sie zu lösen. Natürlich kann der Lehrer seinen Schülern unterschiedliche Hilfestellungen anbieten, damit sie ihr Ziel erreichen, und dabei ist der Persönlichkeitstyp der Schüler von Bedeutung; aber das Ziel sollte für alle Schüler dasselbe sein. Der Typ darf nie eine Entschuldigung dafür sein, daß ein Schüler ein Ausbildungsziel nicht erreicht hat. Kenntnisse über Typen können jedoch dazu beitragen, daß die Ausbildungsziele für alle Kinder angemessen und fair sind.

Gruppenarbeit kann sich entwickelnde Präferenzen fördern

Wenn Lehrer und Schüler über Typen Bescheid wissen, liegt es nahe, Schüler in Gruppen arbeiten zu lassen, die auf ihre Präferenz für Extraversion oder Introversion, Empfindung oder Intuition oder andere Präferenzen abgestimmt sind. Dabei wird jedoch unterstellt, daß Kinder nur eine bestimmte Präferenz haben. In Wirklichkeit besitzen Kinder alle sechzehn Präferenzen – aber nur einige dieser Präferenzen *entwickeln* sich weiter. Wenn der Lehrer Gruppen bildet, sollte er den Kindern die Wahl lassen: «Wer von euch seine empfindenden Fähigkeiten nutzen will, arbeitet hier. Wer seine intuitiven Fähigkeiten nutzen will, kann dort drüben arbeiten.» Dadurch erkennt der Lehrer an, daß es noch andere Funktionen gibt und daß die Schüler ein andermal und in einer anderen Situation diese nutzen können. Das ist vor allem für kleine Kinder wichtig, bei denen sich eine Hauptfunktion noch entwickeln muß. Ihnen müssen wir die Möglichkeit geben, alle Funktionen zu üben und eine Präferenz für eine von ihnen herauszubilden.

Wenn der Lehrer die Typenunterschiede versteht, mit den Schülern aber noch nicht darüber gesprochen hat, kann er ihnen dennoch Wahlmöglichkeiten geben, indem er Tätigkeiten beschreibt, anstatt Fachausdrücke wie Empfindung oder Intuition zu verwenden. Wenn Schüler zum Beispiel darüber nachdenken sollen, wie der Mensch im Weltraum leben kann, ist es nicht nötig, Empfindungstypen und intuitive Typen in zwei Gruppen einzuteilen. Statt dessen kann der Lehrer die Aufgabe beschreiben: «Wer von euch eine Liste der Ausrüstung erstellen möchte, die man im Weltraum braucht, arbeitet hier (Empfindung). Wer gerne darüber nachdenken möchte, wohin man im Weltraum reisen und welche wissenschaftlichen Experimente man machen kann, der arbeitet dort drüben (Intuition).» Die Schüler entscheiden sich ganz natürlich für die Gruppe, die sie am betreffenden Tag am meisten reizt. Kinder, die heute ihre intuitive Funktion nutzen wollen, wählen morgen vielleicht ihre empfindende Funktion, ohne zu merken, daß die unterschiedlichen Aufgaben ihnen helfen, verschiedene Funktionen praktisch anzuwenden und eine Hauptfunktion zu entwickeln.

Lehrer können von den Stärken anderer Lehrer profitieren

Wir können von einem Lehrer nicht erwarten, daß er alles lernt, was es über die sechzehn Typen zu lernen gibt. Es ist ganz natürlich, daß ein Lehrer jene Schüler besser versteht, die ähnliche Präferenzen haben wie er. Jeder Lehrer muß sich jedoch bemühen, etwas über die Eigenarten jener Schüler zu lernen, die einem anderen Typ angehören. Wenn ein Lehrer Anweisungen formulieren möchte, die sowohl empfindende wie auch intuitive Schüler gut verstehen, kann er einen Entwurf anfertigen und dann einen Kollegen mit der gegenteiligen Präferenz bitten, den Text zu überarbeiten. Intuitive Lehrer werden dabei feststellen, daß Kollegen vom Empfindungstyp ihnen helfen, bestimmte Details besser herauszuarbeiten, und empfindende Lehrer können davon profitieren, daß intuitive Kollegen das Thema in größerem Zusammenhang sehen, so daß sich mehr Wahlmöglichkeiten eröffnen. Teamwork mit Kollegen, die einem anderen Typ angehören, kann zu einer besseren Unterrichtsgestaltung und zu einer objektiveren Leistungsbewertung führen, indem es die natürlichen Stärken gegensätzlicher Präferenzen nutzt.

Jeder Ausbilder kann Typenunterschiede berücksichtigen

Heute werden Ausbildern viele Innovationen angeboten, die den Unterricht effektiver machen sollen. Die Typenlehre mit ihren spezifischen Vorzügen ist ein Instrument, das Lehrer sich leicht aneignen können, ohne Lehrpläne zu verändern oder neue Schwerpunkte zu setzen. Die Typenlehre befaßt sich mit Lehren und Lernen, nicht mit Lerninhalten. Lehrer, die über Typenunterschiede Bescheid wissen, aber ihr Fachgebiet nicht beherrschen, sind vielleicht imstande, ein angenehmes Umfeld für ihre Schüler zu schaffen; die Schüler werden jedoch bei Leistungstests nicht gut abschneiden. Das Wissen um Typen ist kein Ersatz für optimale Strategien der Wissensvermittlung; es kann jedoch die Effektivität solcher Strategien erhöhen und eine Quelle zusätzlicher Strategien sein, die in allen Fachgebieten anwendbar sind.

Die Anwendung der Typenlehre bringt für Lehrer keinen zusätzlichen Papierkrieg mit sich. Lehrer müssen den Unterricht vorbereiten und Kriterien zur Leistungsbewertung entwickeln wie bisher. Diese Kriterien mögen ein wenig anders aussehen; aber die Typenlehre belastet Ausbilder nicht von vorneherein mit mehr Verwaltungsarbeit.

Wenn ein Lehrer sich über die Typenlehre informiert und dadurch sein Verhältnis zu den Schülern verbessert, sieht er ihr Verhalten mit anderen Augen. Lehrer, die irrationale Schüler früher als verantwortungslos oder faul bezeichnet haben, erkennen heute an, daß diese Kinder Schwierigkeiten haben, unter Zeitdruck zu arbeiten, und darum ändern diese Lehrer ihr Verhalten gegenüber solchen Schülern. Wer den irrationalen Typ für verantwortungslos oder faul hält, verlangt von ihm, seine Einstellung zu ändern; wer diesen Typ versteht, hilft ihm, seine Zeit besser einzuteilen. Es ist leichter und zweckmäßiger, einem Schüler beizubringen, wie man seine Zeit einteilt, als seine Einstellung zu verändern.

Abschließend sei noch erwähnt, daß der Lehrer nicht die gesamte Typenlehre auf einmal praktisch anwenden muß. Das kann schrittweise geschehen. Zunächst sollte der Lehrer sich mit den eigenen Persönlichkeitsmerkmalen vertraut machen und prüfen, wie sie seine Unterrichtsmethoden beeinflussen. Danach kann er mit Kollegen zusammenarbeiten und den Unterricht sowie Prüfungen so gestalten, daß sie die Typenunterschiede der Schüler berücksichtigen. Drittens kann er seine Schüler in die Typenlehre einführen, damit sie mehr über ihre Stärken und Lernbedürfnisse erfahren. Das hat zudem den Vorteil, daß die Schüler andere Persönlichkeitstypen, aber auch den Unterrichtsstil des Lehrers besser verstehen. Schüler und Lehrer können lernen, in unterschiedlichen Situationen aufeinander Rücksicht zu nehmen, und die Typenlehre liefert ihnen den notwendigen Rahmen für dieses Verständnis.

Zusammenfassung

Typenunterschiede beeinflussen das Umfeld des Lernens. Lehrer, die sich über Persönlichkeitstypen informieren, können Schülern beim Lernen helfen und dabei ihre individuellen Unterschiede respektieren.

- Unterrichtsgestaltung, Klassenarbeiten und Verhalten im Klassenzimmer werden vom Persönlichkeitstyp des Lehrers beeinflußt.
- Beim Nachbesprechen von Diskussionen kann der Lehrer auf das unterschiedliche Lernverhalten der Schüler eingehen.
- Der Typ darf nie als Entschuldigung dafür herhalten, daß Lernziele nicht erreicht wurden.
- Lehrer sollten Schüler bei Gruppenarbeiten nicht nach dem Persönlichkeitstyp einteilen, sondern ihnen erlauben, selbst die Gruppe zu wählen, in der sie an einem bestimmten Tag mitarbeiten möchten.
- Lehrer, die mit Kollegen zusammenarbeiten, welche einem anderen Typ angehören, können die Qualität ihres Unterrichts und ihrer Bewertungsinstrumente verbessern, weil sie auf das unterschiedliche Lernverhalten der Kinder Rücksicht nehmen.
- Die Typenlehre trägt dazu bei, die Ausbildung zu verbessern, ohne Lerninhalte zu verändern. Zusätzliche Schreibtischarbeit ist ebensowenig erforderlich wie schnelle Veränderungen.

Kapitel 9

So entwickeln Sie ein positives Verhältnis zu introvertierten und extravertierten Kindern

Die Vorschläge in diesem Kapitel können Erwachsenen helfen, positive Beziehungen zu introvertierten und extravertierten Kindern aufzubauen. Jedes Kind ist einzigartig; darum gelten diese Anregungen nicht unbedingt für alle Kinder. Befolgen Sie Ratschläge, die sich in der Praxis bewähren, und modifizieren Sie jene, die sich nicht bewähren, oder entwickeln Sie auf der Grundlage der Typenunterschiede neue Strategien, um besser auf die unterschiedlichen Bedürfnisse der Kinder eingehen zu können.

Die Präferenzen der Eltern beeinflussen ihre Reaktion auf das Verhalten der Kinder

Das Verhalten zu Hause

Extravertierte Kinder drücken Gefühle verbal aus. Das bedeutet, daß sie andere mitunter anschreien, wenn sie wütend sind. Manchen introvertierten Eltern fällt es schwer, das zu akzeptieren. Sie haben eher Verständnis dafür, daß ein erregtes Kind wegläuft und sich in sein Zimmer einschließt. Extravertierte Eltern sind dagegen oft der Meinung, ihre Kinder sollten Konfrontationen nicht ausweichen, und häufig fordern sie ein Kind auf, dazubleiben und ein Problem an Ort und Stelle zu diskutieren. Introvertierte Kinder fühlen sich in solchen Situationen nicht nur unwohl, sondern sie sind oft außerstande, über ihre Gefühle zu sprechen, solange sie wütend sind. Diese Kinder ziehen sich meist in sich selbst zurück, um mit ihren Gefühlen allein ins reine zu kommen, bevor sie mit anderen darüber sprechen können.

Extravertierte Kinder neigen dazu, Gefühle zu äußern, wenn sie sie empfinden. Manche introvertierte Eltern haben herausgefunden, daß extravertierte Kinder nicht immer jemanden brauchen, der auf ihre Bemerkungen reagiert. Wenn Sie Kindern erlauben, negative Gefühle verbal auszudrücken, so bedeutet das nicht unbedingt, daß Sie diese Gefühle teilen; aber Sie erkennen dadurch an, daß verschiedene Persönlichkeitstypen unterschiedlich mit Wut und Frustration umgehen. Wenn das Kind demselben Typ angehört wie die Eltern, können diese das Verhalten des Kindes leichter verstehen. Eltern können aber auch ihr Verhältnis zu Kindern verbessern, die einem anderen Typ angehören.

Bitten Sie extravertierte Kinder, ein wenig zu warten, bevor sie mit einem introvertierten Erwachsenen reden

Das Verhalten zu Hause und in der Schule

Extravertierte Kinder nehmen offenbar an, daß alles, was geschieht, in der äußeren Welt geschieht. Introvertierte Erwachsene erscheinen nach außen oft untätig, während ihr Geist intensiv mit einem Problem oder mit einer Idee beschäftigt ist. Extravertierte Kinder halten introvertierte Erwachsene, die von außen gesehen nichts tun, in deren Innerem es aber rumort, für untätig, darum kommen sie ins Zimmer und fangen sofort an zu reden. Da Introvertierte sich nicht gerne unterbrechen lassen, sagen sie oft: «Wie bitte? Was hast du gesagt? Was willst du?» Der Tonfall verrät dem extravertierten Kind, daß der Erwachsene nicht an einer Unterhaltung interessiert ist, und es erwidert: «Vergiß es. Warum bist du so schlecht gelaunt?» In solchen

Situationen gehen manche Kinder weg, und das Verhältnis zum Erwachsenen ist gestört.

Manchmal ist es hilfreich, für extravertierte Kinder eine Regel aufzustellen: Sobald es den Vater, die Mutter oder den Lehrer beim Namen gerufen hat, muß es erst bis zehn zählen, ehe es weitersprechen darf. Das verschafft dem introvertierten Erwachsenen genügend Zeit, seine Gedanken zu ordnen und sich auf das Anliegen des Kindes zu konzentrieren. Wer sich bewußt ist, daß Extravertierte und Introvertierte ihre Gedanken unterschiedlich verarbeiten, respektiert diese Regel; er erweckt nicht den Eindruck, daß der Introvertierte sich nicht für das Problem des Extravertierten interessiert – er anerkennt aber, daß der Introvertierte einen Gedanken zu Ende führen möchte, ehe er sich einem neuen zuwendet. Selbst kleine Kinder verstehen, daß Erwachsene erst «den Kanal wechseln» müssen, damit sie besser zuhören können. Erklären Sie dem Kind, daß Sie ihren «Denkkanal» auf einen «Empfangskanal» umstellen müssen, während es bis zehn zählt. Das leuchtet Kindern ein, und wenn sie eine Regel verstehen, haben sie nichts dagegen, sie zu befolgen.

«Show Time» gibt Kindern die Gelegenheit, sich auszusprechen

Eine in vielen Familien und Schulklassen erprobte Methode ist die «Show Time». Man reserviert zehn bis fünfzehn Minuten für eine Aussprache. In der Schule kommt dafür das Ende des Unterrichts vor der Pause, am Mittag oder am Abend in Betracht, zu Hause der Abend (oder das Wochenende, wenn das Kind ein Elternteil nicht häufiger sieht). Während dieser bestimmten Zeit widmen Eltern oder die Klasse dem Kind ihre ungeteilte Aufmerksamkeit.

Das Verhalten zu Hause

Die meisten Familienmitglieder versuchen, sich mit Angehörigen zu unterhalten, während sie andere Dinge erledigen – sie lesen Zeitung, bereiten das Essen zu, arbeiten oder kümmern sich um ein Geschwister. Wenn Kinder reichlich Zeit bekommen, um mit den Eltern zu reden, fällt ihnen zunächst oft nichts ein, was sie während der geplanten zehn oder fünfzehn Minuten tun oder besprechen könnten, und anfangs sind sie schon in zwei oder drei Minuten fertig. Das liegt daran, daß sie sich daran gewöhnt haben, mit Angehörigen nur drei oder vier Sätze zu wechseln und dann eigene Wege zu gehen. In einer Viertelstunde kann ein Kind eine Menge über sich mitteilen. Während der Show Time ist es äußerst wichtig, daß Eltern keine Anrufe entgegennehmen, nicht über andere Dinge sprechen und nichts tun, was sie ebensogut später erledigen können. Diese fünfzehn Minuten sollten dem Kind gehören. Wenn Kinder sich darauf verlassen können, brauchen sie Eltern, die von der Arbeit kommen, nicht sofort mit ihren Gedanken und Problemen zu überhäufen.

Das Verhalten in der Schule

Im Klassenzimmer haben Klassenclowns während der Show Time die Chance zu glänzen. Wenn Kinder anfangen, in der Klasse herumzutoben, kann der Lehrer eine dreiminütige «Vorstellung» zulassen, auf die die Kinder sich jeweils vorbereiten. Ein Schüler kann noch am selben Tag etwas zum besten geben oder im Laufe der Woche; aber zwischen seinem clownhaften Verhalten und der Vorstellung sollte nicht mehr als eine Woche liegen. Man muß nicht unbedingt tägliche Vorstellungen einplanen; aber manche Lehrer nehmen lieber drei Minuten störende Albernheit während des Unterrichts in Kauf, als drei Minuten zum Austoben zu reservieren. Oft stören unruhige Schüler den

Unterricht jedoch nicht mehr, wenn sie wissen, daß sie bald Gelegenheit haben, sich zu produzieren.

Extravertierte wollen sich in einer neuen Schule sofort bekannt machen; Introvertierte ziehen es vor, daß ein anderes Kind sie einführt

Das Verhalten in der Schule

Manche Familien ziehen oft um, und die Kinder müssen sich an unterschiedliche Schulen gewöhnen. Für ein Kind, das häufig die Schule wechselt, kann es schwierig sein, Freundschaften zu schließen. Da extravertierte Kinder aufgeschlossen und freundlich sind, könnte man den Eindruck haben, daß sie mit diesem Problem leichter fertig werden – doch das trifft nicht immer zu. Erwachsene sollten verstehen, wie wichtig es für ein extravertiertes Kind ist, daß andere Kinder es kennen. Wie sollen sie zum Beispiel eingeladen, ans Telefon gerufen oder aufgefordert werden, mit auf den Spielplatz zu gehen, wenn niemand ihren Namen kennt? Nicht die Zahl der Kinder, die das extravertierte Kind kennt, ist wichtig, sondern die Zahl jener Kinder, die das extravertierte Kind kennen. Ein extravertiertes Mädchen sagte, nach ihrem Umzug sei es großartig gewesen, daß der Leiter der neuen Schule sie gebeten habe, jeder Klasse eine Geschichte vorzulesen. Danach kannten viele Schüler ihren Namen und riefen sie an – und sie hatte das Gefühl, zu ihnen zu gehören. Für ein introvertiertes Kind wäre das wahrscheinlich keine gute Methode. Es fände eher Gefallen an einem Klassenkameraden, der es jeden Morgen abholt, mit ihm zu Mittag ißt und seine Fragen beantwortet. Einen solchen Kameraden kann der Lehrer oder der Berater «ernennen»; man sollte von einem Introvertierten nicht erwarten, daß er selbst diese Wahl trifft. Ein Extravertierter wäre ein geeigneter Betreuer, da er den Introvertierten wahrscheinlich in viele Gruppen innerhalb der Klasse einführt. Für diese «Betreuung» kann man eine offizielle Dauer von mindestens zwei Wochen festlegen, damit der Introvertierte Gelegenheit hat, neue Bekanntschaften zu schließen. Danach können die beiden weitermachen, wenn sie es wünschen. Wer Typenunterschiede respektiert, gibt Extravertierten die Gelegenheit, Kontakte mit anderen zu knüpfen, und ermöglicht es Introvertierten nach einem Schulwechsel, auf behutsamere Weise neue Freunde zu finden.

Erwachsene können extravertierten Kindern beibringen, ihre Gedanken für sich zu behalten, bis sie aufgerufen werden

Kleinen extravertierten Kindern fällt es schwer, ihre Gedanken für sich zu behalten, bis sie an der Reihe sind zu reden. Fordert man extravertierte Kinder auf zu warten, bis sie an der Reihe sind, und es ergibt sich kurz darauf eine Gelegenheit zu sprechen, haben sie oft vergessen, was sie sagen wollten, doch haben auch diese Kinder ein echtes Mitteilungsbedürfnis. Kleinen extravertierten Kindern muß man beibringen, ihre Gedanken zu zügeln, bis sie Gelegenheit haben, sie mitzuteilen.

Das Verhalten in der Schule

Wenn das Kind geschickt im Visualisieren ist, kann man es auffordern, sich im Geiste auszumalen, was es sagen möchte. Ein solches Bild hält die Gedanken lebendig. Kinder, die noch nicht in die zweite Klasse gehen, haben jedoch mitunter Mühe zu visualisieren. Sie können sich damit behelfen, innerlich ein wichtiges Wort zu wiederholen, das sie daran erinnert, was sie sagen wollen. Im Klassenzimmer kommt es vor, daß extravertierte Kinder mit ihren Ideen herausplatzen und häufig reden wollen. Sie können sich statt dessen ein Stichwort notieren oder ein Bild zeichnen, um ihre Gedanken festzuhalten. Manche Extravertierte kommen vielleicht aus Familien, in denen es beim Mittagessen erlaubt ist, daß mehrere Leute gleichzeitig sprechen; aber in einigen introvertierten Familien gilt es als unhöflich, wenn Kinder mi ihren Ideen ein Gespräch zwischen Erwachsenen unterbrechen.

Das Verhalten zu Hause und in der Schule

Mitunter werden Kinder dafür bestraft, daß sie Gespräche unterbrechen. Extravertierte Kinder sind so aufgeschlossen und an allem interessiert, was um sie herum vorgeht, daß es schwer für sie ist, still zu sein, während andere sich unterhalten. Erwachsene sollten verstehen, daß introvertierte Kinder leichter «einen Moment warten» können als extravertierte. Das heißt nicht, daß wir Kindern erlauben sollen, Gespräche zu unterbrechen, wann immer es ihnen gefällt. Aber es ist sinnvoller, ihnen zu zeigen, wie sie sich beherrschen können, als ihren natürlichen Drang zu unterdrücken. Kinder lernen mit der Zeit, ihre Gedanken eine Weile für sich zu behalten. Wenn wir kleinen, extravertierten Kindern verbieten, Erwachsene zu unterbrechen, ihnen aber nicht beibringen, wie sie ihre Ideen festhalten können, benachteiligen wir sie in Unterhaltungen. Welche Verhaltensweisen Erwachsene korrigieren oder bestrafen, hängt oft nicht nur von den natürlichen Präferenzen der Kinder ab, sondern auch von den Präferenzen der Erwachsenen.

Extravertierte Erwachsene muten introvertierten Kindern manchmal zuviel zu

Das Verhalten zu Hause und in der Schule

Energiegeladene extravertierte Erwachsene überfordern mitunter introvertierte Kinder. Viele extravertierte Erwachsene, die mit introvertierten Kindern ins Gespräch kommen wollen, stellen zahlreiche Fragen – auch bohrende Fragen – und geben den Kindern nur sehr wenig Zeit für die Antwort. Der Energieüberschuß des Extravertierten kann einen Introvertierten wie eine Woge im Ozean verschlingen. Die vielen bohrenden Fragen des Extravertierten fördern das Gespräch nicht, sondern würgen es eher ab. Es gibt mehrere Möglichkeiten, dem abzuhelfen. Erwachsene können Fragen vermeiden, die sich mit wenigen Worten beantworten lassen, zum Beispiel mit «ja», «nein», «rot» oder «'ne Pizza».

Statt dessen sollten sie versuchen, Fragen zu stellen, die den Partner zu ausführlicheren, gehaltvolleren Antworten ermuntern. Anstatt zu fragen: «Wie war's heute in der Schule?», können sie sagen: «Erzähl mir, was du heute in der Schule gemacht hast.» Das Kind benötigt aber auch genügend Zeit für die Antwort. Da diese «Bedenkzeit» bei Introvertierten länger ist als bei Extravertierten, unterbrechen Extravertierte den Denkprozeß introvertierter Kinder häufig durch zusätzliche Fragen oder aufmunternde Worte. Besser wäre es, die Pausen in einem Gespräch einfach hinzunehmen. Sie werden ohnehin nur vom Extravertierten wahrgenommen, da die Gedanken im Kopf des Introvertierten meist rasen. Im Zweifel können Extravertierte durchaus fragen: «Möchtest du etwas mehr Zeit, ehe du antwortest?»

Anstatt zu fragen und nachzuhaken, kann ein extravertierter Erwachsener das Gespräch mit einem introvertierten Kind in Gang halten, indem er zwar redet, aber keine Fragen stellt. Das klappt besonders gut am Ende eines langen Tages, wenn das Kind müde ist. Der Vater oder die Mutter kann dann ein wenig erzählen und dem Kind erlauben, einfach zuzuhören. Wenn der Erwachsene einen oder zwei Gedanken äußert und dann fünf oder zehn Sekunden wartet, beginnt das introvertierte Kind vielleicht ebenfalls zu sprechen. Introvertierte Kinder unterbrechen andere nur selten, und darum sind Pausen ein notwendiger Türöffner für Introvertierte, die gerne etwas sagen möchten. Wenn das Kind in den Gesprächspausen schweigt, kann der Vater oder die Mutter mehr über den vergangenen Tag berichten. Eltern, die ihrem Kind erzählen, was sie im Verlaufe des Tages gemacht haben, vertrauen ihm etwas von sich selbst an, und das hilft Eltern und Kindern, einander besser zu verstehen und ein gemeinsames Erinnerungsalbum anzulegen. Wichtig ist, daß das Kind meist ebenso gerne Neuigkeiten aus der Welt der Erwachsenen hört, wie Eltern mehr über die Welt der Kinder erfahren möchten. Der Einblick in den Alltag des anderen trägt dazu bei, das Verhältnis zwischen Erwachsenen und Kindern zu verbessern.

Manche introvertierte Kinder brauchen nach einer Phase der Interaktion eine Erholungspause

Das Verhalten zu Hause

Wir können das Bedürfnis des Introvertierten nach «Erholungspausen» als Kommunikationsproblem zwischen Eltern und Kind betrachten. Nehmen wir als Beispiel eine extravertierte Mutter, die ein introvertiertes und ein extravertiertes Kind adoptiert hatte. Wenn die Mutter das extravertierte Kind nach der Schule zu einer Veranstaltung brachte, plauderten die beiden über die Ereignisse des Tages, über das Abendessen, das Fernsehprogramm und vieles andere. Wenn die Mutter mit dem introvertierten Kind unterwegs war, stellte sie zwar eine Menge Fragen, erhielt aber nur sehr wenige Antworten. Sie machte sich Sorgen über ihr Verhältnis zu diesem Kind. In Wirklichkeit hatte das introvertierte Kind einen langen Schultag hinter sich und sollte nun am Tanzunterricht teilnehmen – beides eher extravertierte Aktivitäten. Die Autofahrt von der Schule zum Tanzkurs war für das Kind die einzige Gelegenheit, sich zu entspannen und neue Energie zu schöpfen. Die Schweigsamkeit im Auto hatte also nichts mit der Beziehung zwischen Mutter und Kind zu tun, sondern mit dem Bedürfnis des introvertierten Kindes, sich ein wenig zu sammeln. Wenn Erwachsene über Typenunterschiede Bescheid wissen, können sie Scheinprobleme von echten Schwierigkeiten unterscheiden.

Introvertierte und Extravertierte drücken Gedanken bei unterschiedlichen Gelegenheiten aus

Das Verhalten zu Hause

Introvertierte Eltern nehmen die Bemerkungen extravertierter Kinder oft zu ernst. Extravertierte Kinder sprechen meist alles aus, was ihnen in den Sinn kommt. Wenn ein extravertiertes Mädchen beiläufig sagt: «Ich glaube, ich verlasse die Schule», sollte die Mutter nicht überreagieren und ihr eine lange Predigt über die Wichtigkeit einer guten Ausbildung halten. Die Folge könnte nämlich sein, daß das Mädchen sein Recht verteidigt, eigene Entscheidungen zu treffen, obwohl die ursprüngliche Bemerkung gar nicht ernst gemeint war. Manchmal ist es besser, extravertierte Kinder einfach weiterreden zu lassen, bis sie sich eine abschließende Meinung gebildet haben. Dabei stellt sich oft heraus, daß sie ein ganz anderes Problem haben, als ihre ersten Worte es vermuten ließen. Das extravertierte Kind wollte vielleicht sagen: «Ich glaube, ich verlasse die Schule. Dort sind alle so dumm. Stell dir vor, was wir heute für eine Hausaufgabe bekommen haben – wir sollen Bilder aus Zeitschriften ausschneiden! Ist das nicht lächerlich? Ich wette, die Lehrerin ist einfach nur faul, und darum sollen wir diese albernen Bilder ausschneiden. Ich glaube, wir haben gar keine Zeitschriften im Haus, in denen ich Bilder über Umweltprobleme finde. Aber vielleicht kann ich in den alten Zeitschriften nachsehen, die auf dem Speicher liegen. Blöd ist es trotzdem. Ich glaube, ich mache das, während ich die ‹Simpsons› anschaue.» Es ist wichtig, daß extravertierte Kinder über ihre Sorgen reden dürfen. Extravertierte Eltern neigen von Natur aus dazu, diesen Prozeß abzuwarten, weil sie ähnlich reagieren. Wichtig zu wissen ist, daß die meisten Streitigkeiten entstehen, weil Eltern und Kinder verschiedenen Persönlichkeitstypen angehören, nicht weil das Kind ein Problem hat.

Extravertierte und Introvertierte drücken Wut verschieden aus

Das Verhalten zu Hause

Viele Erwachsene, die mit extravertierten Kindern leben und arbeiten, stehen, was den Umgang mit deren Emotionen betrifft, vor einer schwierigen Entscheidung. Extravertierte bewältigen Wut, indem sie sie ausdrücken. Das bedeutet, daß extravertierte Kinder manchmal auch Erwachsene anschreien, was introvertierte selten tun, selbst wenn sie ebenso wütend sind. Eltern sollten sich darüber im klaren sein, daß Wut, die ein Kind nicht äußert, dennoch vorhanden ist. Manche Eltern von Kleinkindern beobachten, wie andere, ältere Kinder ihre Eltern anschreien, und sagen: «So wird mein Kind nie mit mir reden.» Später müssen sie möglicherweise erleben, daß ihr Kind genau das tut. Eltern sollten, wenn möglich, Jähzorn von respektlosem Verhalten unterscheiden. Nur wenige Kinder können ihre Wut ruhig ausdrücken; darum ist es ganz natürlich, wenn sie mit Lautstärke verbunden ist. Wir sollten Kindern erlauben, ihre wahren Gefühle auszudrücken; respektloses und grobes Verhalten sollten wir nicht zulassen.

Weder Respektlosigkeit noch Grobheit haben etwas mit dem Typ zu tun. Wenn Sie mit einem schreienden extravertierten

Kind konfrontiert sind, versuchen Sie, ruhig zu bleiben. Geben Sie dem Kind etwas Zeit, und fragen sie es dann, ob es bereit ist, die Lautstärke zu dämpfen und über das Problem zu reden. In einem alten Cartoon habe ich gelesen, Eltern seien am gefährlichsten, wenn sie sich strikt weigerten, wütend zu werden. Wenn es Ihnen schwerfällt, sich nicht aufzuregen, versuchen Sie, sich von der Situation zu lösen. Sagen Sie zum Beispiel: «Ich bin jetzt zu wütend, um darüber zu reden. Wir besprechen das nach dem Essen.» Die Zeitangabe ist wichtig; denn das Wort «später» hat für das Kind keine Bedeutung.

Manche introvertierte Kinder verlassen das Zimmer, wenn sie sich ärgern, und nachdem sie sich beruhigt haben, wissen sie oft nicht, wie sie sich entschuldigen oder mit ihren Eltern ein Gespräch beginnen sollen. Mitunter vergehen mehrere Tage, bis ältere introvertierte Kinder imstande sind, ruhig über ein Problem zu reden. Manche Familien benutzen Symbole, um Gesprächsbereitschaft zu signalisieren. Über diese Symbole einigen sie sich in einer ruhigen Minute. Es kann sich um eine schriftliche Nachricht, eine Berührung, eine nette Geste oder etwas anderes handeln, was Eltern und Kinder vereinbart haben. Eine mir bekannte Familie verwendet Magneten mit fröhlichen und traurigen Gesichtern. Solange das traurige Gesicht an der Wand klebt, ist Diskussion unerwünscht; wenn das fröhliche Gesicht erscheint, ist das Kind oder der Erwachsene bereit zu einem Gespräch.

Unterschiedliche Prüfungsverfahren verbessern das Ergebnis

Das Verhalten in der Schule

Ein Lehrer beschloß, die Qualität der Aufsätze seiner Klasse zu verbessern. Er verteilte Testbogen, und die Schüler mußten die Fragen lesen, zehn Minuten warten und dann kurze Aufsätze als Antwort schreiben. Während der zehn Minuten durften die Schüler ihre Ideen allein formulieren oder sie mit Klassenkameraden besprechen. Den Gruppen wurde ein Teil des Klassenzimmers zugewiesen. Nach Ablauf der zehn Minuten schrieb jeder Schüler seine Arbeit für sich, und es zeigte sich, daß das Ergebnis besser war als bei vorangegangenen Tests. Manche Schüler können Gedanken besser ordnen und ausdrücken, wenn sie während des Unterrichts oder vor einer schriftlichen Arbeit mit anderen darüber sprechen dürfen. Während des zehnminütigen Gesprächs in der Gruppe bekommen die Schüler keine «fertigen Antworten», sondern sie lernen, ihre Antworten besser aufzubauen und zu formulieren.

«Gesprächsstäbchen» fördern die Mitarbeit

Das Verhalten in der Schule

Lehrer, die kleine Kinder unterrichten, können «Gesprächsstäbchen» verwenden, um Introvertierten die Mitarbeit zu erleichtern und Extravertierten beim Speichern ihrer Ideen zu helfen. Geben Sie jedem Kind zwei Eis-am-Stiel-Stäbchen (natürlich sind auch andere Gegenstände geeignet), und lassen Sie sich jedesmal, wenn ein Kind etwas zum Gespräch beisteuert, ein Stäbchen zurückgeben. Wenn ein Kind kein Stäbchen mehr hat, darf es sich erst wieder melden, wenn *alle* anderen Kinder ebenfalls keine mehr haben. Danach kann der Lehrer noch einmal Stäbchen verteilen. Diese Methode eignet sich gut für Sprachgruppen oder Diskussionen, in denen die Beteiligung aller Anwesenden wichtig ist. Die Gruppe sollte klein sein – sechs Mitglieder sind für Kindergartenkinder bereits viel. Man kann die Klasse in Teams zu je vier bis sechs Schülern einteilen, und jedes Team kann Gesprächsstäbchen benutzen. Die Gruppen können über dasselbe Thema sprechen, aber dadurch daß die Zahl der Teilnehmer begrenzt ist, haben sowohl Introvertierte wie auch Extravertierte größere Chancen, etwas beizutragen.

In Arbeitsgruppen können alle Kinder Ideen beisteuern

Das Verhalten in der Schule

Manchmal ist es hilfreich, zwei bis vier Schüler in Arbeitsgruppen einzuteilen. Der Lehrer stellt der Klasse eine Frage, und die Schüler dürfen erst nach Rücksprache mit ihren Partnern antworten. Dieses Verfahren ermöglicht es allen Kindern, ihre Gedanken auszudrücken; es bekräftigt den Wert der Teamarbeit; und es bietet Schülern die Möglichkeit, neue Freundschaften zu schließen. Extravertierte Schüler, die mit Klassenkameraden sprechen dürfen, können ihre Gedanken besser ordnen, bevor sie sie vor der ganzen Klasse äußern.

Die gewünschte Mitarbeit der Schüler hängt vom Lernziel ab

Das Verhalten in der Schule

Wenn eine Klasse mit fünfundzwanzig oder mehr Schülern über ein ausgewähltes Thema diskutieren soll, muß der Lehrer abwägen, ob es darauf ankommt, daß jeder Schüler zur Diskussion beiträgt, oder ob es wichtiger ist, daß alle wichtigen Gesichtspunkte erörtert werden. Wenn er von allen Schülern einen Beitrag verlangt, geht es ihm hauptsächlich darum, das Reden vor einer Gruppe zu üben. Wenn er nur diejenigen aufruft, die sich melden, kommt es vor allem auf die Diskussionsbeiträge an und nicht so sehr darauf, wer sich äußert. Wenn das Ziel des Unterrichts darin besteht, einen bestimmten Stoff zu vermitteln, kann der Lehrer an die Tafel schreiben: «Wer sich meldet, wird aufgerufen.» Das bedeutet, daß die Schüler etwas beitragen dürfen, aber nicht müssen. Geht es dagegen um die sprachliche Ausdrucksfähigkeit, schreibt der Lehrer: «Alle machen mit.» Die Schüler wissen dann, was von ihnen erwartet wird. Manche Introvertierten melden sich lieber früh, als darauf zu warten, daß man sie aufruft. Auch hier kann der Lehrer die Mitarbeit aller Schüler einschätzen, wenn er sie bittet, drei oder vier Gesichtspunkte aufzuschreiben, die sie aus der Diskussion gelernt haben. Der Bewertungsmaßstab ist dann nicht die äußere Beteiligung am Gespräch, sondern das erworbene Wissen.

Wir haben in diesem Kapitel einige Methoden besprochen, die das Verhältnis des Lehrers zu introvertierten und extravertierten Schülern verbessern können. Es gibt noch viele andere Methoden. Eine verständnisvolle Einstellung ist der erste Schritt zu einer positiven Beziehung; verständnisvolles Verhalten ist der zweite Schritt.

Zusammenfassung

Es gibt zahlreiche Methoden, die extravertierte und introvertierte Präferenzen berücksichtigen, und viele von ihnen sind zu Hause und in der Schule anwendbar.

- Aktivität stimuliert das extravertierte Kind, während Interaktionen mit anderen das introvertierte Kind erschöpfen können.
- Extravertierte Kinder neigen dazu, zu streiten und Wut auszudrücken, während introvertierte Kinder ihre Gefühle meist für sich behalten.
- Extravertierten Kindern fällt es nicht auf, wenn sie die Gedanken introvertierter Erwachsener unterbrechen; es ist

daher am besten, wenn man sie bittet, erst ein wenig zu warten, bevor sie zu sprechen beginnen.

- «Show Time» gibt Kindern Gelegenheit, zu bestimmten Zeiten mit Erwachsenen zu interagieren, und fördert den Respekt vor Typenunterschieden.
- Extravertierte und Introvertierte brauchen nach einem Schulwechsel unterschiedliche Hilfestellungen, um sich einzugewöhnen.
- Extravertierte sollten lernen, ihre Ideen eine Weile «aufzuheben», damit auch andere sich am Gespräch beteiligen können.
- Es hängt vom Persönlichkeitstyp eines Erwachsenen ab, welche Verhaltensweisen von Kindern er korrigiert oder bestraft. Oft ist die Interaktion zwischen den Präferenzen des Erwachsenen und denen des Kindes die Quelle von Mißverständnissen.
- Um ein introvertiertes Kind in ein Gespräch einzubeziehen, sollte man mit ihm sprechen, ohne Fragen zu stellen. Gesprächspausen helfen ihm, sich zu äußern.
- Schweigen deutet nicht unbedingt auf Probleme in der Beziehung oder mit der Kommunikation hin.
- Schüler schneiden bei Tests besser ab, wenn man ihnen erlaubt, über die Fragen nachzudenken oder mit anderen zu reden.
- Gesprächsstäbchen erleichtern kleinen Kindern die Teilnahme an Kleingruppendiskussionen.
- Arbeitsgruppen verschaffen Extravertierten und Introvertierten die Gelegenheit, sich in kleinen Gruppen zu äußern, wenn die Gelegenheit, sich vor der ganzen Klasse zu äußern, beschränkt ist.
- Es hängt vom Unterrichtsziel ab, ob der Lehrer nur jene Schüler aufruft, die sich melden, oder ob er verlangt, daß alle sich beteiligen.

Kapitel 10

So entwickeln Sie ein positives Verhältnis zu empfindenden und intuitiven Kindern

Empfindung und Intuition haben damit zu tun, wie Menschen Informationen aufnehmen. Kommunikation und Unterricht beginnen mit der Verarbeitung von Informationen. Wenn wir also die Kommunikation zwischen Erwachsenen und Kindern sowie den Unterricht verbessern wollen, müssen wir den Unterschied zwischen Empfindungs- und Intuitionstypen verstehen.

Erwachsene können Kindern helfen, den Wert ihrer Talente zu schätzen und ihre Schwächen zu erkennen

Erwachsene können Kindern helfen zu verstehen, warum ihnen bestimmte Tätigkeiten und Schulfächer leichter fallen als andere. Sie können empfindenden Kindern helfen, ihren Sinn für Details zu nutzen, und ihnen klarmachen, daß sie sich auch bemühen müssen, das Thema oder die Grundidee zu erfassen. Sie können intuitiven Kindern helfen, ihren Sinn für das Allgemeine zu nutzen, und ihnen gleichzeitig zeigen, wie man spezifische Signale deutet und sich an Einzelheiten erinnert.

Das Verhalten in der Schule

Wenn ein Erwachsener einem Kind helfen will, die Schulleistung zu verbessern, kann er es bitten, eine Seite zu lesen und dann einen wichtigen Gedanken aus dem Text herauszugreifen und einen Satz zu formulieren, der das Thema beschreibt. Diese Methode ist besonders bei natur- oder sozialwissenschaftlichen

Themen hilfreich. Das Kind kann dem thematischen Satz dann drei Fakten hinzufügen. Auch Bilder sind gute Gedächtnisstützen. Kinder können sich Wörter und Bilder vorstellen, die mit dem Thema zusammenhängen, und dann den thematischen Satz benutzen, um die Teilinformationen miteinander zu verknüpfen. Nehmen wir an, im Unterricht geht es um Windströmungen. Das Thema könnte ein Drachen sein und die damit verbundenen Fakten die Schleifen am Schwanz des Drachens. Wenn die Klasse sich mit Vulkanen beschäftigt, könnte der Fuß des Berges das Thema sein, der Rauch, die Lava und die Steine die Einzelheiten. Als Gedächtnisstütze sollte man nur etwas wählen, womit das Kind bereits vertraut ist. Wenn das Kind nichts über Vulkane weiß, wäre das Vulkanbild keine gute Wahl. Diese Methode hilft intuitiven Schülern, sich an Details zu erinnern und ihre Begabung für Muster und Beziehungen zu nutzen, um mit Hilfe von Bildern spezifische Informationen aus dem Gedächtnis wachzurufen.

Fassen Sie den Inhalt eines Kapitels zusammen, bevor Sie näher darauf eingehen

Das Verhalten in der Schule

Wenn die Klasse etwas Neues lernen soll, empfiehlt es sich, den Schülern einen Überblick über den bevorstehenden Stoff zu geben. Der Lehrer kann das Kapitel beispielsweise anhand von Bildern und Überschriften vorstellen und die Schüler darüber informieren, was von ihnen erwartet wird. Wenn die Klasse sich zum Beispiel mit einem amerikanischen Indianerstamm befassen soll, kann der Lehrer mit den Worten beginnen: «Diese Woche wollen wir uns mit der Geschichte und der Kultur der Puebloindianer beschäftigen. Auf dem Bild am Anfang des Kapitels seht ihr, was für Häuser dieser Stamm bewohnt. Auf der nächsten Seite findet ihr Abbildungen von Kunstgegenständen, und auf der folgenden Seite geht es um den Stamm, wie er heute ist. Am Ende dieser Woche solltet ihr in der Lage sein, etwas über die Ernährung und die Kunst dieser Indianer zu sagen und den Alltag des Stammes vor hundert Jahren und heute zu beschreiben.» Wenn die Kinder erfahren, was auf sie zukommt, wissen sie, welche Informationen wichtig sind, und sie können diese Daten sammeln, wenn sie das Kapitel lesen.

Der Lehrer in diesem Beispiel kann den Schülern auch helfen, die weniger wichtigen Informationen im Text zu identifizieren. Er kann beispielsweise sagen: «Auf Seite 15 findet ihr eine interessante Beschreibung der Herstellung von Farben aus Beeren und Samen. Das Verfahren wird genau erklärt. Diesen Bericht sollt ihr lesen; aber ihr braucht euch nicht zu merken, wie die Indianer die Farben machten.» Wenn der Überblick abgeschlossen ist, liest die Klasse das Kapitel. Die Vorbereitung dauert vielleicht nur zehn oder fünfzehn Minuten, aber sie hilft intuitiven Schülern, das Gesamtbild zu erfassen, und empfindenden Schülern, zwischen wichtigen Einzelheiten und Ausschmückungen zu unterscheiden. Der Überblick über den Stoff, den die Klasse lernen soll, berücksichtigt die Typenunterschiede und ist leicht durchführbar.

Intuitive Erwachsene senden empfindenden Kindern manchmal unbewußt falsche Signale

Das Verhalten zu Hause

Kleine extravertierte und empfindende Kinder möchten gerne möglichst viele Informationen mit den Menschen ihrer Umgebung teilen. Intuitiven Erwachsenen fällt es womöglich schwer, sich so viele Einzelheiten anzuhören, weil sie von Natur aus dazu neigen, nach dem wichtigsten Gesichtspunkt zu suchen. Daher sagen sie häufig: «Komm zur Sache» oder «Worauf willst du hinaus?» Das intuitive Kind will möglicherweise auf gar nichts hinaus – es will einfach von allen Einzelheiten eines Erlebnisses berichten.

Nehmen wir eine Radfahrt als Beispiel. Ein empfindendes Kind würde sie etwa so beschreiben: «Ich fuhr die Schillerstraße entlang, als ich zwei Hunde sah. Sie waren groß, und ich fürchtete, sie würden mir nachlaufen; aber sie taten es nicht. Dann fuhr ich am Haus der Müllers vorbei – sie lassen es blau anstreichen. Als ich an die Ecke kam, lag dort ein großer Haufen Schmutz auf der Straße, und weil ich ziemlich schnell fuhr, mußte ich bremsen, kam ins Schleudern und stürzte. Ich verletzte mich nicht, und darum stand ich auf und fuhr weiter zu Julia. Ich erzählte ihr, was geschehen war, und sie half mir, mich zu säubern, so daß wir drinnen spielen konnten.» Diese Erzählung ist reich an Einzelheiten, aber sie führen nicht zu einer bestimmten Schlußfolgerung. Ein intuitives Kind würde das gleiche Erlebnis vielleicht nur so schildern: «Ich bin mit dem Rad zu Julia gefahren und unterwegs gestürzt.» Der Hauptgedanke ist vorhanden, aber die Details fehlen.

Wenn intuitive Erwachsene ungeduldig werden und ein Kind auffordern, «zur Sache» zu kommen, senden sie ihm die subtile Botschaft, daß sie nicht alles für wichtig halten, was das Kind ihnen sagen möchte. Dem intuitiven Erwachsenen ist es lieber, wenn das Kind sich kurz und bündig ausdrückt. Wenn er keine Zeit hat, der farbigen Schilderung des empfindenden Kindes zuzuhören, sollte er es dem Kind sofort sagen: «Ich möchte alles hören, was du mir in fünf Minuten sagen kannst. Dann muß ich deine Schwester zum Training bringen.»

Kinder verstehen einen Gedanken oft besser, wenn man sie auffordert, ihn mit anderen Worten auszudrücken

Das Verhalten in der Schule

Erwachsene, die einem Kind helfen wollen, das bei Schularbeiten häufig über Einzelheiten hinweggeht, können es bitten, den Hauptgedanken noch einmal mit anderen Worten auszudrücken. Das ist besonders nützlich, wenn es um Arbeitsanweisungen geht. Schüler sollten in der Lage sein, diese Anweisungen mit eigenen Worten wiederzugeben. Wenn die Wiedergabe korrekt ist, war der intuitive Gedankensprung erfolgreich, und das Kind kann mit der Arbeit beginnen, wenn nicht, bittet der Erwachsene das Kind, die Anweisungen stumm oder laut zu lesen und zu überprüfen, ob es sie verstanden hat.

Das Verhalten zu Hause

Mitunter geben Erwachsene einem Kind mündliche Anweisungen und fordern es dann auf, sie zu wiederholen, um sicherzustellen, daß es alles verstanden hat. Viele Kinder können Sätze wiederholen, die sie eben gehört haben, ohne sie jedoch ins Langzeitgedächtnis aufzunehmen. Später, nachdem sie die Anweisungen vergessen haben, werden sie beschuldigt, verantwortungslos zu sein. Wenn diese Kinder die Anweisungen mit eigenen Worten widerholen, fällt es ihnen leichter, sie zu verstehen und zu behalten. Niemand kann Sätze mit anderen Worten wiedergeben, ohne die darin enthaltene Information wenigstens teilweise zu verarbeiten. Wenn ein Kind imstande ist, Anweisungen in andere Worte zu fassen, weiß der Erwachsene immerhin, daß es sie verstanden hat.

Förderndes Fragen kann Kinder ermutigen, ihre Probleme selbst zu lösen

Das Verhalten zu Hause und in der Schule

Wenn Eltern und Lehrer einem Kind bei Hausarbeiten helfen wollen, begehen sie oft einen anderen Fehler. Das Kind kommt zu ihnen und fragt: «Worüber soll ich schreiben?» Der Erwachsene antwortet: «Was interessiert dich denn?» Das Kind erwidert: «Ich weiß nicht. Irgendwas. Etwas Leichtes.» Dann macht der Erwachsene eine Reihe von Vorschlägen: «Möchtest du über Käfer oder Blumen schreiben? Oder über Pilze?» Welche Folge haben solche spezifischen Vorschläge? Entweder das Kind greift eine Idee auf, und die Arbeit fällt nicht gut aus (in diesem Fall möchte es oft nicht die Verantwortung dafür übernehmen), oder das Kind bittet den Erwachsenen weiter um Hilfe: «Ist es egal, über welche Pilze ich schreibe?», «Kann man alle Pilze essen?» und so weiter. Am Ende hat der Erwachsene in die Hausarbeit ebensoviel Zeit investiert wie das Kind.

Das läßt sich vermeiden. Wenn das Kind den Erwachsenen um Vorschläge bittet, kann dieser eine Methode anwenden, die man *förderndes Fragen* (facilitating questioning) nennt, anstatt spezifische Ideen zu liefern. Dabei werden Fragen gestellt, die das Kind zwingen, Entscheidungen zu treffen und dadurch sein Problem selbst zu lösen. Dieses Verfahren ist in jeder Situation anwendbar, die Problemlösungen erfordert.

Nehmen wir an, die Schüler haben die Aufgabe, eine Arbeit für den Kunstunterricht anzufertigen. Ein Kind kommt zu einem Erwachsenen und fragt: «Was soll ich tun?» Der Erwachsene stellt eine Reihe von Fragen, die das Kind mit Alternativen konfrontieren, zum Beispiel: «Willst du etwas malen oder zeichnen?», «Willst du etwas Realistisches machen oder etwas Abstraktes?», «Willst du ein zeitgenössisches Motiv gestalten oder ein historisches?» und «Soll es ein zweidimensionales Werk sein oder ein dreidimensionales?» Nach mehreren Antworten kann der Erwachsene zusammenfassen: «Du willst also ein dreidimensionales Kunstwerk machen, das realistisch ist und ein historisches Motiv darstellt. Hast du schon eine Idee?» Wenn das Kind die Frage verneint, kann der Erwachsene fortfahren: «Soll es etwas aus der amerikanischen Geschichte sein oder aus der Weltgeschichte?» oder: «Soll es ein Motiv aus diesem Jahrhundert sein oder aus einem anderen?» Entscheidend ist, daß der Erwachsene keinen eigenen Vorschlag abgibt, damit das Kind selbst, wann immer es soweit ist, die letzte Entscheidung trifft. Außerdem lernt das Kind auf diese Weise, wie man Ideen formuliert, und wenn es in Zukunft wieder um Rat fragt, kann der Erwachsene zurückfragen, ob es sich bereits eine Liste möglicher Fragen gestellt hat, um eine Auswahl zu treffen. Manchen Leuten fällt nichts ein, weil es anscheinend zu viele Möglichkeiten gibt. Wenn wir die Wahlmöglichkeiten eingrenzen, helfen wir dem Kind, die Elemente zu ordnen, die letztlich zur Lösung führen.

Wer den Typ des Kindes nicht kennt, kann dennoch Typenunterschiede berücksichtigen

Das Verhalten zu Hause und in der Schule

Wenn Menschen zu verstehen versuchen, was andere sagen wollen, bereiten die Unterschiede zwischen Empfindungstypen und intuitiven Typen offenbar die größte Schwierigkeit. Wenn Erwachsene sich nicht darüber im klaren sind, welchem dieser Typen ein Kind angehört, kann ihnen die Sprache helfen, den Unterschieden Rechnung zu tragen. Nehmen wir an, Eltern wollen mit ihren Kindern über ihre Urlaubspläne sprechen. Dann können sie etwa so beginnen: «Wir möchten euch von unseren Urlaubsplänen erzählen. Wir können euch entweder sagen, welche Orte wir besuchen wollen, und später auf Einzelheiten eingehen (erst Intuition, dann Empfindung), oder wir können euch erklären, wie wir die einzelnen Tage verbringen wollen (erst Empfindung, dann Intuition). Was ist euch lieber?» Kinder sind vielleicht nicht imstande, Ihnen zu sagen, daß sie das Empfinden bevorzugen, doch wenn sie zwischen einer schrittweisen und einer allgemeinen Information wählen dürfen, fällt vielen die Entscheidung leicht. Erwachsene, die die Kommunikation verbessern wollen, brauchen nicht unbedingt den Typ des Kindes zu kennen; aber sie müssen darüber Bescheid wissen, wie intuitive und empfindende Kinder Informationen am liebsten aufnehmen.

Anweisungen sollten so formuliert werden, daß sie den Bedürfnissen der Typen Rechnung tragen

Das Verhalten in der Schule

Nehmen wir an, eine Klasse solle eine «wahre Geschichte» schreiben. Kaum hat der Lehrer die ersten Worte dazu gesagt, beginnen viele intuitive Schüler, im Geiste nach möglichen Themen zu suchen, und da sie intensiv überlegen, bekommen sie die weiteren Anweisungen des Lehrers nicht mit, und wahrscheinlich bitten sie ihn später, sie zu wiederholen. Oft ärgert sich ein Lehrer, wenn Schüler unaufmerksam sind, während er eine Aufgabe erklärt. Da viele Lehrer dem Empfindungstyp angehören, geben sie Erläuterungen vor Beginn einer Arbeit, so wie sie selbst es gerne haben. Es ist jedoch möglich, auf die unterschiedlichen Bedürfnisse der Empfindungstypen und der intuitiven Typen einzugehen, indem man die Informationen dann gibt, wenn sie benötigt werden.

Der Lehrer kann seine Ausführungen etwa so einleiten: «Es geht darum, eine wahre Geschichte zu schreiben. Ich werde euch alle Erläuterungen geben, die ihr braucht. Wenn ihr glaubt, daß ihr sie verstanden habt, könnt ihr anfangen.» Intuitive Schüler hören vielleicht nach wenigen Anweisungen nicht mehr zu; wenn sie Ideen haben, benötigen sie noch Einzelheiten, zum Beispiel wie lang der Aufsatz sein soll und wieviel Zeit sie haben. Empfindende Kinder möchten diese Details gerne erfahren, bevor sie über mögliche Themen nachdenken. Lehrer, die auf diese Bedürfnisse Rücksicht nehmen wollen, müssen etwa dreißig Minuten lang Nachfragen zulassen. Wenn der Lehrer die Anweisungen nicht wiederholen möchte, kann er das einem Schüler überlassen oder schriftliche Anweisungen erteilen. Wichtig ist, daß Schüler vom Empfindungstyp ausreichende Erläuterungen und Beispiele vor dem Beginn der eigentlichen Arbeit erhalten und daß intuitive Schüler, die bereits mit der Arbeit begonnen haben, um Klarstellungen bitten dürfen.

Ein Überblick über wichtige Punkte verhindert, daß Diskussionen ausufern

Das Verhalten in der Schule

Intuitive Erwachsene lieben Abwechslung. Sie können mit der Diskussion über einen Text in der Mitte beginnen, dann zum Anfang zurückkehren, etwas zum Ende sagen und sich dann wieder der Mitte zuwenden. Vielen intuitiven Kindern fällt es nicht schwer, diesen sprunghaften Ausführungen zu folgen. Fragen der Schüler können einen intuitiven Lehrer vom ursprünglichen Thema abbringen. Wenn Schüler an einem Nebenthema interessiert sind, kann es durchaus sein, daß der intuitive Lehrer diesem Detail eine ganze Menge Zeit widmet. Am Ende hat die Klasse vielleicht eine anregende Diskussion geführt, aber keine Vorstellung vom Thema in seiner Gesamtheit. Da Intuitive mühelos von einem Gedanken zum anderen springen können, ist ihnen oft nicht klar, daß diese Art der Diskussion andere verwirrt. Das läßt sich verhindern, indem der Lehrer die wichtigsten Punkte der Diskussion – auch jene, die während des Unterrichts nicht angesprochen wurden – zusammenfaßt, so daß die Schüler bei Bedarf um weitere Informationen bitten können.

Eine andere hilfreiche Methode wurde von einer Schülerin vorgeschlagen. Lehrer geben meist noch einmal einen Überblick über den alten Stoff, bevor sie zu etwas Neuem übergehen. Die Schülerin hatte Mühe, den alten Stoff vom neuen zu trennen, und bat den Lehrer um einen Hinweis, wann er den alten Stoff zusammenfaßte und wann er mit dem neuen begann. Sie pflegte sich nämlich Notizen zu machen, und dabei entging ihr manches, was der Lehrer sagte. Zwei klarstellende Sätze des Lehrers lösten das Problem, und sie konnte die Zusammenfassung verfolgen, ohne sich Gedanken um ihre Notizen machen zu müssen. Bevor der Lehrer den alten Stoff zusammenfaßte, sagte er einfach: «Schauen wir uns noch einmal kurz an, was wir bereits besprochen haben.» Und bevor er mit dem neuen Stoff anfing, sagte er: «Was jetzt kommt, ist neu für euch.» Dieses Verfahren ermöglichte es der Schülerin, sich an der Diskussion und am Unterricht intensiver zu beteiligen.

Die Formulierung einer Aufgabe beeinflußt die Reaktion der Schüler

Das Verhalten in der Schule

Manche Lehrer schränken die Reaktion der Schüler unbewußt ein, weil sie dabei bestimmte Formulierungen benutzen. Verben wie «beschreiben», «benennen» oder «definieren» legen im Grunde fest, welche Art der Information gewünscht wird, und sprechen vor allem die Empfindungstypen unter den Schülern an. Verwendet der Lehrer Ausdrücke wie «untersuchen», «Zusammenhänge erkennen» oder «entwickeln», bezieht er sich auf das Talent des intuitiven Typs, aus Daten Muster zu bilden und daraus Schlüsse zu ziehen. Durch die Formulierung wird eine Aufgabe festgelegt, und dies unabhängig von der Typenpräferenz. Alle Kinder werden auf eine empfindende Art die ersten der obengenannten Fragen beantworten und auf eine intuitive Weise die zweite Gruppe. Die Formulierung hat Einfluß darauf, wie schwierig eine Aufgabe für einen Schüler ist und wieviel Energie er dafür benötigt. Für intuitive Schüler sind Aufgaben, bei denen sie «beschreiben», «benennen» oder «definieren» müssen, im allgemeinen anstrengender, und empfindende Schüler müssen sich bei eher kreativen Aufgaben größere Mühe geben. Manche Lehrer bevorzugen eine der beiden Funktionen zwar nicht bewußt, wohl aber durch die Art und Weise, wie sie Anweisungen formulieren.

Unklare Anweisungen rufen Verwirrung hervor

Das Verhalten in der Schule

Intuitiven Lehrern fällt es mitunter schwer, klare und prägnante Anweisungen zu formulieren. Während sie ihren Text für verständlich halten, vermissen Empfindungstypen darin die notwendigen Details. Ein intuitiver Lehrer stellte der Klasse die Aufgabe, die Planeten der Reihe nach aufzuzählen. Er hielt das für eine sehr klare und einfache Anweisung und war um so überraschter, als empfindende Schüler ihn fragten: «Sollen wir sie nach der Entfernung von der Sonne oder nach ihrer Größe oder alphabetisch ordnen?»

Es ist durchaus möglich, daß manche intuitive Schüler die Anweisungen eines empfindenden Lehrers gut verstehen; aber viele Intuitive geben zu, daß sie Anweisungen gar nicht lesen, es sei denn, die Aufgabe wird anhand von Beispielen erklärt. Wenn das Thema der Aufgabe nicht genau festgelegt ist, sollte der empfindende Lehrer intuitiven Schülern helfen, die Wahlmöglichkeiten einzuschränken.

Zusammenfassung

Es gibt verschiedene Möglichkeiten, empfindende und intuitive Schüler zu unterstützen. Lehrer, die Typenunterschiede berücksichtigen, verbessern die Effektivität des Unterrichts.

- Das Gedächtnis fördernde Strategien helfen Schülern, sich an Einzelheiten zu erinnern.
- Aus unterschiedlichen Gründen ist es für beide Funktionstypen hilfreich, wenn der Lehrer zunächst einen Überblick gibt, bevor er auf ein neues Kapitel näher eingeht.
- Empfindende Kinder sprechen gerne über sämtliche Einzelheiten, und Erwachsene sollten auf diese Eigenart Rücksicht nehmen.
- Schüler erinnern sich besser an das Gelernte, wenn sie es nicht nur wiederholen, sondern noch einmal mit eigenen Worten wiedergeben. Dabei wird der Stoff intensiver verarbeitet.
- «Fördernde Fragen» helfen Kindern aller Typen, Probleme selbst zu lösen.
- Anweisungen sollten so formuliert werden, daß sie den Bedürfnissen der Typen Rechnung tragen.
- Intuitive Lehrer sollten wichtige Punkte einer Diskussion noch einmal zusammenfassen, vor allem wenn sie im Unterricht nicht angesprochen wurden.
- Die Formulierung einer Aufgabe kann deren Lösung durch die Schüler einengen.

Kapitel 11

So entwickeln Sie ein positives Verhältnis zu denkenden und fühlenden Kindern

Denken und Fühlen sind Funktionen, die sich nach der Empfindung und nach der Intuition entwickeln. Manchmal ist es schwierig, sie bei kleinen Kindern auseinanderzuhalten. Die Anregungen in diesem Kapitel sind daher für Schulkinder besonders geeignet.

Kinder vom Denktyp fragen nach dem Warum

Das Verhalten zu Hause und in der Schule

Kinder vom Denktyp fragen, warum sie etwas tun sollen, warum etwas funktioniert und warum sie sich so und nicht anders verhalten sollen. Damit wollen sie nicht die Autorität der Erwachsenen in Frage stellen, und es empfiehlt sich, ihnen zu antworten. Diese Kinder schätzen klare, logische und faire Aussagen.

Wenn fühlende Kinder ein gutes Verhältnis zu einem Erwachsenen haben, fällt es ihnen leichter, Kritik zu akzeptieren

Das Verhalten in der Schule

Kinder vom Fühltyp sind dankbar, wenn man sie häufig über ihren Leistungsstand informiert. Lob verstärkt bei ihnen ein bestimmtes Verhalten, und sie akzeptieren auch Kritik, wenn sie ein gutes Verhältnis zu dem betreffenden Erwachsenen haben.

Fühltypen brauchen nicht nur Anerkennung, sondern auch die Gewißheit, daß Kritik sich nicht negativ auf eine gute Beziehung auswirkt. Erwachsene, die mit fühlenden Kindern Gemeinsames erlebt haben und sie gut kennen, dürfen sie daher offener kritisieren als Leute, mit denen die Kinder weniger vertraut sind. Lehrer, die ihre Schüler gut kennen, können somit eher Kritik üben, die fühlende Kinder akzeptieren.

Aktives Zuhören hilft Kindern, ihre Gedanken und Emotionen zu verarbeiten

Das Verhalten zu Hause

Manche Erwachsene versuchen, mit vielen bohrenden Fragen herauszufinden, was ein Kind wirklich denkt. Viele Kinder, vor allem in den höheren Klassen, empfinden das als aufdringlich. Angenommen, ein Kind erklärt: «Ich möchte heute abend im Konzert nicht spielen.» Für einen Erwachsenen vom Fühltyp liegt es nun nahe, nach dem Grund zu fragen. Aber ein Kind kann das nicht immer erklären, und es weiß vielleicht nur, daß es einfach keine Lust hat. Wenn das Kind keinen «überzeugenden Grund» nennen kann, reagieren manche Erwachsene kurz angebunden: «Entweder du hast einen vernünftigen Grund, oder die Sache ist erledigt.» Aktives Zuhören ist eine bessere Methode.

Wenn Kinder eine Erklärung abgeben, sollten Erwachsene nicht nur Fragen stellen, sondern auf den Inhalt, aber auch auf den «Ton» der Erklärung eingehen. Das heißt nicht, daß sie die Worte des Kindes nachplappern sollen; es geht vielmehr darum, die Erklärung noch einmal mit anderen Worten wiederzugeben und dabei ihren Inhalt und die Gefühle des Kindes zu berücksichtigen.

Wenn ein Kind erklärt, es wolle nicht zum Konzert gehen,

um dort aufzutreten, kann der Erwachsene beispielsweise sagen: «Wie ich sehe, hast du keine Lust, heute abend ins Konzert zu gehen.» Manche Erwachsene, die mit dieser Methode vertraut sind, wenden sie zwar bei ihrer ersten Reaktion auf die Erklärung des Kindes an, fallen dann aber rasch in alte Gewohnheiten zurück und fragen «Warum?» oder «Warum denn nicht?». Dadurch zwingen sie das Kind, nach Gründen für seine Entscheidung zu suchen, und die meisten Kinder gehen davon aus, daß diese Gründe «plausibel» sein müssen, damit der Erwachsene sie akzeptiert. Wenn nun das Kind außerstande ist, seine Gefühle auszudrücken, oder wenn es ein Geheimnis bewahren möchte (zum Beispiel Streit mit dem Freund oder der Freundin), antwortet es in der Regel: «Ich weiß nicht.» Dieser Ausspruch ärgert Eltern und Lehrer oft mehr als alle anderen, und meist stellen sie sofort die nächste Frage: «Wieso weißt du das nicht?» oder «Was soll das denn heißen?» Daraufhin erwidert das Kind: «Ich weiß es eben nicht», und das Gespräch ist zu Ende.

Das folgende Gespräch, das aktives Zuhören einschließt, zeigt, wie man es besser machen kann.

Erwachsener: Mir scheint, du hast keine Lust, heute abend ins Konzert zu gehen. (Geben Sie dem Kind genügend Zeit für eine Antwort. Wenn Sie seine Überlegungen unterbrechen, übernehmen Sie die Gesprächsleitung – aber genau das sollten Sie dem Kind überlassen.)

Kind: Nein.

Erwachsener: Mir scheint, dir ist wirklich nicht danach.

Kind: Manchmal habe ich es einfach satt, dies zu tun und das zu sein und überall hinzugehen.

Erwachsener: Nun, manche Leute wollen nicht immerzu etwas für andere tun oder sein.

Kind: Ja, genau. Ich meine, Sally will, daß ich jeden Tag mit ihr rede, und wenn ich mal mit Jane rede, ist sie beleidigt. Ich möchte aber reden, mit wem ich will, und Sally muß das einsehen.

Erwachsener: Es ist ärgerlich, wenn eine Freundin dir vorschreiben will, wie du mit anderen Freundinnen umgehen sollst, nicht wahr?

Kind: Sally will nicht, daß ich mit Jane ins Konzert fahre. Aber Jane hat mir angeboten, mich mitzunehmen, und ich habe zugesagt. Wenn Sally uns zusammen sieht, spricht sie nie wieder mit mir.

Erwachsener: Du machst dir also Sorgen darüber, was Sally denkt, wenn sie dich mit Jane ins Konzert gehen sieht. Kannst du da etwas tun?

Kind: Am besten rufe ich sie einfach an und sage es ihr. Dann kann sie am Telefon beleidigt sein, anstatt vor allen Leuten. Wenn sie will, hole ich sie ab, aber ich glaube kaum, daß sie will. Manchmal ist es wirklich anstrengend, zwei beste Freundinnen zu haben.

Wenn Erwachsene Kindern mehr Zeit zum Reden einräumen und ihnen zuhören, anstatt ihnen einen Rat zu geben, können sie das Verhältnis zu den Kindern verbessern. Erwachsene, die nicht ans aktive Zuhören denken, raten dem Kind im obigen Beispiel, sich «keine Sorgen zu machen» – denn Sally ist ja selbst schuld an dem Problem –, oder sie erzählen, in ihrer Schulzeit habe ihre beste Freundin sich ähnlich aufgeführt. So nutzen sie die Gelegenheit, Geschichten aus der Vergangenheit zu erzählen, anstatt sich mit dem gegenwärtigen Problem des Kindes zu befassen.

Die meisten Ratschläge ignoriert das Kind ohnehin, und es gewinnt den Eindruck, daß «Erwachsene nicht zuhören» oder «nichts verstehen». In diesem Fall kann es sein, daß das Kind in Zukunft nicht mehr über seine Probleme spricht. Das Schlimmste, was ein Erwachsener sagen kann, wenn ein Kind über seine Gefühle spricht, ist: «Ich weiß genau, wie dir zumute ist.» Diese Bemerkung verschließt dem Kind den Mund; denn sie unterstellt, daß die Erfahrungen des Kindes die des Erwachsenen widerspiegeln. Wer über Persönlichkeitstypen Bescheid weiß, versteht, daß nicht alle Menschen in ähnlichen Situationen ähnlich empfinden. Das aktive Zuhören trägt dazu bei, das Problem aufzudecken, das der ursprünglichen Erklärung zugrunde liegt.

Fühltypen fällt es leichter als Denktypen, über ihre Probleme zu reden. Denktypen räumen zwar ein, daß die beim aktiven Zuhören benutzten Worte angemessen sind; aber sie sagen, diese Worte würden ihnen mitten im Gespräch nie einfallen. Wenn Sie Mühe haben, Verständnis für die Bedürfnisse anderer verbal auszudrücken, können Sie diese «Sprache» lernen, auch wenn Sie ein Denktyp sind. Wenn Sie immer wieder aktiv zuhören, gewöhnen Sie sich mit der Zeit daran, auf die Gefühle von Kindern Rücksicht zu nehmen, deren Funktionen noch nicht endgültig entwickelt sind.

Wenn Sie zusammenfassen, was andere gesagt haben, können Sie Mißverständnissen vorbeugen

Das Verhalten zu Hause

Denktypen sollten untersuchen, wie andere Leute ihre Sprache interpretieren. Viele sind erschrocken, wenn sie erfahren, daß andere sich von einer vermeintlich sachlichen Bemerkung angegriffen fühlen. Ein Vater vom Denktyp fragte beispielsweise seine zwölfjährige Tochter: «Gefällt dir deine Frisur wirklich?» Das Kind wurde gebeten, in eigenen Worten zu wiederholen, was sein Vater eben gesagt hatte. Sie erwiderte: «Papa hat gesagt, ich bin häßlich.» Der Vater bestritt, daß er das gesagt hatte; doch das Kind ließ sich nicht überzeugen. Der Vater war der

Meinung, seine Bemerkung habe sich nur auf das Haar seiner Tochter bezogen und spiegle seine Vorliebe für bestimmte Frisuren wider. Für ihn handelte es sich lediglich um eine Meinungsäußerung. Das Kind vermutete, daß mehr dahintersteckte. Das ist offenbar ein häufiger Konflikt zwischen Eltern vom Denktyp und Kindern, die dem Fühltyp angehören. Wäre das Mädchen nicht gebeten worden, die Bemerkung des Vaters zu wiederholen, hätte dieser nie erfahren, daß sie ihn mißverstanden hatte. Viele Denktypen glauben, ihre Aussage sei klar, und sie merken nicht, daß der Gesprächspartner eine ganz andere Botschaft empfängt. Dieses Problem läßt sich lösen, wenn man den Empfänger bittet, die ursprüngliche Bemerkung mit eigenen Worten zu wiederholen. Wenn in der Botschaft emotionale Untertöne mitgeschwungen haben, sollte man fragen: «Was habe ich deiner Meinung nach gemeint?» Wurde die Botschaft korrekt gesendet und empfangen, gibt es kein Problem; wenn nicht, kann der Sender sie richtigstellen, bevor der Empfänger sich die vermeintliche Aussage zu eigen macht.

Manche Kinder, die dem Fühltyp angehören, müssen lernen, ihre Arbeit richtig einzuschätzen

Manche Menschen, die dem Fühltyp angehören, geben zu, daß ihr Bedürfnis, anderen zu gefallen, zuweilen mit der Notwendigkeit, sich eine unabhängige Meinung zu bilden, in Konflikt gerät. Einige Fühltypen räumen sogar ein, daß sie mehr Zeit damit verbringen, darüber nachzudenken, was der Gesprächspartner gerne von ihnen hören möchte, als ihre wahre Meinung zu ergründen. Kleine Kinder sind besonders anfällig dafür, ihre Meinung zu ändern, um von Erwachsenen anerkannt zu werden. Auch wenn der Erwachsene dem Kind nicht signalisiert hat, sich seiner Meinung anzuschließen, ja es möglicherweise sogar ermuntert, sich eine eigene Meinung zu bilden – es genügt nicht, einem Kind vom Fühltyp lediglich zu sagen, es solle sich von der Meinung anderer nicht beeinflussen lassen. Wir müssen dem Kind beibringen, wie es sich eine unabhängige Meinung bilden kann, beispielsweise indem wir das Kind auffordern, seine eigene Leistung mit Hilfe der unten beschriebenen systematischen Methoden kritisch zu analysieren.

Das Verhalten in der Schule

Nehmen wir an, ein Kind vom Fühltyp hat soeben im Kunstunterricht ein Bild gezeichnet. Es bringt sein Werk zum Lehrer und fragt: «Ist es gut?» Der Lehrer hat nun die Wahl zwischen einer Meinungsäußerung und der Aufforderung an das Kind, seine Arbeit zunächst selbst zu bewerten. Wenn der Lehrer möchte, daß das Kind sich ein eigenes Urteil bildet, kann er sagen: «Was hältst du selbst davon?» Antwortet das Kind: «Ich weiß nicht», muß der Lehrer erneut entscheiden, ob er einen Kommentar abgibt oder das Kind zu einer unabhängigen, eigenen Einschätzung ermutigt. Im letzteren Fall könnte er sagen: «Ich werde aufschreiben, was ich an deinem Bild gut und was weniger gut finde; und du kannst aufschreiben, was du gut oder nicht gut findest. Anschließend vergleichen wir unsere Liste.»

Kindern, die sich auf die Meinung anderer verlassen, fällt diese Aufgabe überaus schwer, und anfangs weigern sie sich wahrscheinlich. Wenn wir einem Kind jedoch die Chance geben, seine Arbeit selbst zu bewerten – unabhängig davon, ob die Analyse vollständig ist oder nicht –, bekräftigen wir damit, daß die Meinung des Kindes ebenso wichtig ist wie die des Erwachsenen.

Eine andere Methode ermöglicht es dem Kind, sich Schritt für Schritt vom eigenen Werk zu lösen und eine objektive Bewertung abzugeben. So können Kinder lernen, ihre Arbeit selbst einzuschätzen, bevor sie andere um ihre Meinung fragen. Im obenstehenden Beispiel könnten die folgenden Schritte die eigene Meinungsbildung fördern:

- Tu so, als habe ein anderer das Bild gezeichnet.
- Nimm an, daß du den Künstler nicht kennst und ihm auch nie begegnen wirst.
- Betrachte das Bild, und überlege, ob es ansprechend, originell und interessant ist.
- Schreibe zwei positive Bemerkungen über das Bild auf.
- Schreibe einen Aspekt des Bildes auf, den man verbessern könnte.
- Überlege, wie gut das Bild insgesamt ist, wenn du es mit Bildern anderer Schüler vergleichst.
- Unterschreibe das Bild und dein Urteil. Damit drückst du aus, daß du für die Stärken und Schwächen der Arbeit sowie für deine Bewertung die Verantwortung übernimmst.

Kinder, die visuell sehr begabt sind, können eine ähnliche Methode probieren, die nur eine Minute Zeit kostet. Nehmen wir an, ein Kind fragt den Lehrer, was er von einem Bild hält, und es antwortet auf die Frage nach seiner eigenen Einschätzung: «Ich weiß nicht.» Der Lehrer kann dann eine Linie mit zwei Strichen am Anfang und am Ende ziehen und sagen: «Der senkrechte Strich links steht für das schlechteste Bild, das je ein Kind auf dieser Welt gezeichnet hat, und der Strich rechts bezeichnet das beste Bild, das je ein Kind auf dieser Welt gezeichnet hat. Markiere nun die Stelle auf der Linie, die deiner Meinung nach dein Bild einnimmt.» Nachdem das Kind diese Stelle markiert hat, kann der Lehrer es auffordern, ein positives Merkmal des Bildes zu nennen, das die Einordnung auf der Skala rechtfertigt, und ein anderes, das sich noch verbessern ließe. Auf diese Weise gewinnt das Kind nicht nur einen allgemeinen Eindruck von seiner Arbeit, sondern erkennt auch mindestens eine

Stärke und eine Schwäche des Werkes. Diese Analyse erfordert wenig Zeit, und sie hilft Kindern, die dem Fühltyp angehören, ihre andere Funktion ebenfalls zu üben.

Denktypen wollen anders gelobt werden als Fühltypen

Das Verhalten zu Hause und in der Schule

Kinder, die dem Denktyp angehören, freuen sich über ein Lob, das ihre Leistungen anerkennt. Kinder vom Fühltyp hören dagegen lieber, daß sie selbst wichtig und nützlich sind. Es ist meist wenig sinnvoll, einem denkenden Kind zu sagen: «Du warst wunderbar!» Das Kind wünscht sich nämlich ein spezifisches, glaubhaftes Lob, das ihm sagt, warum seine Arbeit oder sein Verhalten anerkannt wird. Bleibt das Lob vage, fragt sich das Kind, was der Erwachsene wirklich meint. Wer denkende oder fühlende Kinder lobt, sollte aufrichtig sein. Anerkennende Worte, die ein Kind vom Denktyp akzeptiert, sind beispielsweise:

- «Das war klug von dir.»
- «Das ist eine gute Idee.»
- «Damit hast du dich selbst übertroffen.»
- «Das hast du hervorragend gemacht.»
- «Damit hast du die Erwartungen erfüllt.»

Folgende Verhaltensweisen würde ein Kind vom Denktyp als Lob empfinden:

- Anerkennung durch Lehrer oder andere Erwachsene (sie gilt ihm mehr als Lob von Gleichaltrigen)
- Lehrer und andere Erwachsene setzen seine Idee in die Tat um und zollen ihm öffentlich Respekt
- Es erhält eine neue, ebenso anspruchsvolle Aufgabe, weil es so erfolgreich war

Kindern, die dem Fühltyp angehören, würde etwa ein Lob der folgenden Art gefallen:

- «Großartig, Joe.» (Es ist wichtig, den Namen zu nennen.)
- «Mann, das war toll!»
- «Deine Arbeit war wundervoll.»
- «Ich muß sagen, du hast dir damit viel Mühe gegeben und eine Menge nachgedacht.»
- «Mir gefällt es, wieviel Mühe du dir gegeben hast und wie gut alles durchdacht ist.»
- «Es gefällt mir, wie du das gemacht hast.»

Über folgende Verhaltensweisen kann ein Kind vom Fühltyp sich freuen:

- ein Schulterklopfen
- einen Händedruck
- ein Lächeln
- ein Namensschild an seiner Arbeit
- eine persönliche Stellungnahme zu seiner Arbeit
- die Nennung seines Namens
- persönliche Bemerkungen im Unterricht
- direkten Augenkontakt
- eine Umarmung
- anerkennende Gesten (z. B. nach oben gestreckter Daumen)

Nicht alle diese Beispiele sind in allen Fällen geeignet. Manche fühlenden Kinder empfinden beispielsweise eine Umarmung als aufdringlich und fragen sich, ob etwas anderes dahintersteckt. Lehrer, die dem Denktyp angehören, halten wahrscheinlich nichts von lächelnden Strichmännchen als Anerkennung. Im allgemeinen schätzen Fühltypen persönliches Lob, während Denktypen ein Lob vorziehen, das ihre Leistung würdigt und von einer Autoritätsperson kommt. Die Erkenntnis, daß unterschiedliche Typen sich über verschiedene Arten des Lobes freuen, trägt zu besseren Beziehungen zwischen Erwachsenen und Kindern bei.

Wenn Schüler einige Prüfungsfragen auswählen dürfen, können beide Typen ihre Kenntnisse demonstrieren

Das Verhalten in der Schule

Über die Gestaltung und Formulierung von Tests haben wir bereits gesprochen. Wenn wir in diesem Kapitel noch auf Wahlmöglichkeiten für Schüler eingehen, dann deshalb, weil sie offenbar dem Gebot der Fairneß entsprechen. Ein Test soll zeigen, was der Schüler gelernt hat. Wenn jedoch nicht alle Schüler die gleichen Lernmethoden anwenden und das Schuljahr trotzdem mit dem gleichen Wissensstand abschließen – haben dann alle das gleiche geleistet? Können Prüfungen so gestaltet werden, daß sie den unterschiedlichen Lernstil der Schüler berücksichtigen und dennoch gleichwertige Leistungen messen? Das läßt sich dadurch erreichen, daß man den Schülern beim Beantworten von Fragen eine gewisse Auswahlmöglichkeit einräumt. Wenn eine Geschichtsarbeit beispielsweise fünf Kapitel abfragt, können jeweils dreizehn Fragen einem Kapitel gewidmet sein, und aus diesen dreizehn Fragen dürfen die Schüler zehn auswählen, die sie dann beantworten müssen. Jede Antwort bringt zwei Punkte ein, und die Benotung ist einfach. Auf diese Weise kann der Lehrer beurteilen, was die Schüler über jedes einzelne Kapitel wissen, und die Schüler haben beim Beantworten der Fragen einen gewissen Spielraum. Viele Schüler halten dieses System für gerechter, weil es von ihnen nicht verlangt, sich auf sämtliche denkbaren Fragen vorzubereiten.

Schüler haben außerdem vorgeschlagen, der Lehrer möge ihnen ältere Prüfungstexte zeigen, damit sie sich einen Eindruck vom Aufbau, von der Formulierung und vom Bewertungsmaßstab verschaffen können. Diese Informationen beeinflussen die Vorbereitung der Schüler, und sie helfen manchen von ihnen, effektiver zu lernen.

Zusammenfassung

Um ein positives Verhältnis zu Kindern vom Denk- und vom Fühltyp aufzubauen, müssen wir darüber Bescheid wissen, wie jeder Typ auf Lob und Kritik reagiert und Ideen ausdrückt. Wenn wir Methoden anwenden, die auf den Typ abgestimmt sind, helfen wir dem Kind, seine Persönlichkeit zu entwickeln.

- Kinder, die dem Fühltyp angehören, akzeptieren Kritik eher von Menschen, mit denen sie bereits ein gutes Verhältnis haben.
- Aktives Zuhören hilft Schülern, ihre Gedanken und Gefühle zu verarbeiten.
- Auch Fertigkeiten, die nicht der Typenpräferenz entsprechen, sind erlernbar.
- Die Kommunikation zwischen Denk- und Fühltypen läßt sich verbessern, wenn beide überprüfen, ob eine Botschaft so angekommen ist, wie sie «gesendet» wurde.
- Kinder, die dem Fühltyp angehören, können lernen, sich von ihrer Arbeit zu lösen und ihre Leistung objektiv zu beurteilen.
- Lob sollte immer aufrichtig sein. Es wird von denkenden und fühlenden Kindern verschieden interpretiert.
- Wenn Schüler bei schriftlichen Testfragen eine gewisse Auswahl haben, können sie zeigen, was sie gelernt haben, ohne daß jeder Schüler die gleichen Fragen beantwortet.

Kapitel 12

So entwickeln Sie ein positives Verhältnis zu rationalen und irrationalen Kindern

Die rationale und die irrationale Einstellung haben offenbar mehr Einfluss auf das Zusammenleben als auf die Kommunikation oder die Informationsverarbeitung. Die Unterschiede zwischen beiden Typen können zu Hause und in der Schule zu Konflikten führen, wenn es um Schularbeiten, Regeln und Flexibilität geht. Solche Unterschiede werden oft schon bei kleinen Kindern deutlich, und sie können die Toleranz aller Beteiligten strapazieren. Wenn wir die Unterschiede zwischen rationalen und irrationalen Kindern verstehen und bewältigen, können wir unser Verhältnis zu Kindern verbessern.

Vorausplanung hilft rationalen, «Rückwärtsplanung» irrationalen Kindern

Das Verhalten zu Hause

Viele junge irrationale Schüler kommen mit Zeitdruck nur schwer zurecht. Erwachsene mit der gleichen Einstellung haben gelernt, ihre Arbeit genau dann abzuschließen, wenn es Zeit dafür ist, und keine Minute früher. Kleine Kinder können nicht auf ihre Erfahrung zurückgreifen, darum schätzen sie die benötigte Zeit oft falsch ein. Kleine irrationale Kinder glauben oft, sie könnten eine für sechs Wochen geplante Arbeit am Abend vor dem Abgabetermin fertigstellen. In solchen Fällen kann es zu heftigem Streit mit rationalen Eltern kommen, bei dem es um Verantwortung und vernünftige Zeiteinteilung geht.

Das kann die ganze Familie belasten. Im Gegensatz dazu macht es irrationalen Familien manchmal Spaß, eine Arbeit in letzter Minute abzuschließen, und die Angehörigen helfen dem Kind, wenn es ihm an Material fehlt oder wenn es aus Zeitmangel improvisieren muß.

Irrationale Kinder brauchen Hilfe, damit sie lernen, ihre Zeit richtig einzuteilen. Dabei geht man vom Abgabetermin aus und überlegt, wann das Kind spätestens mit seiner Arbeit anfangen muß, damit es rechtzeitig fertig wird. Dieses Verfahren hat nichts mit Zaudern zu tun. Irrationale Kinder können meist besser denken, wenn ein Termin naht, und ein fester Abgabetermin veranlaßt sie oft, ihr Bestes zu geben. Selbst wenn ein irrationales Kind unverzüglich mit einer Arbeit beginnt, arbeitet es gewöhnlich am besten unter dem Druck des näherrückenden Termins.

Irrationale Kinder planen gerne langfristig voraus, und wenn sie mit einer Arbeit einmal begonnen haben, wissen sie bereits, wie sie vorgehen werden. Da irrationale Typen sich aber Wahlmöglichkeiten so lange wie möglich offenhalten möchten, liegt es nahe, daß sie mit der eigentlichen Arbeit erst spät beginnen.

Kleine irrationale Kinder stehen vor dem Problem, daß sie nicht genau abschätzen können, wie lange sie für eine Arbeit brauchen. Erwachsene können die Entwicklung dieser Fähigkeit fördern, wenn sie den Kindern helfen, alle möglichen Gesichtspunkte in Betracht zu ziehen, die sich auf die Arbeitsdauer auswirken können. Die Kinder sollten selbst überlegen, wann sie spätestens mit der Arbeit anfangen müssen. Erwachsene können ihnen aber zu einer realistischeren Einschätzung verhelfen. Nehmen wir an, eine Schülerin meint, sie brauche mit einer Arbeit für den Geschichtsunterricht erst am Sonntagabend anzufangen. Die Mutter könnte sie dann fragen: «Mußt du nicht erst in die Bibliothek gehen und Material sammeln?» Räumt die Tochter nun ein, daß sie schon am Samstagmorgen beginnen muß, kann die Mutter ihr weiter auf die Sprünge helfen: «Hast du am Samstag nicht das Handballspiel?» Jetzt merkt das Kind, daß es am Freitag mit der Arbeit anfangen muß; aber vielleicht gibt ihm die Mutter noch etwas zu bedenken: «Hast du vergessen, daß Großmutter am Freitag zu Besuch kommt und daß wir zusammen essen gehen wollen?» Für das Kind ist nicht leicht einzusehen, daß es mit seiner Arbeit schon am Donnerstag beginnen muß, obwohl der Montag noch Lichtjahre entfernt zu sein scheint. Wenn man vom Abgabetermin ausgeht und mit dem Kind alle möglichen Störfaktoren bespricht, erlernt das Kind eine Methode, die es auch in Zukunft anwenden kann.

Für rationale Typen sind Termine kein leistungssteigernder Faktor. Diese Schüler werden nervös, wenn ein Termin naht und sie mit der Arbeit noch nicht fertig sind; sie denken dann unzusammenhängend und arbeiten weniger effektiv. Rationale Kinder neigen dazu, möglichst bald mit einer Arbeit anzufangen, um rechtzeitig fertig zu werden; es hätte also keinen Sinn, ihnen beizubringen, wie man vom Abgabetermin aus «rückwärts rechnet». Diesen Kindern müssen wir vielmehr zeigen, wie sie vom Tag der Aufgabenstellung an vorausplanen können. Rationale Typen haben meist ein besseres Zeitgefühl, und sie wissen, wie lange sie brauchen, um eine Arbeit zu beenden. Auch sie sollten Unwägbarkeiten berücksichtigen; aber der Termin selbst hilft ihnen zu bestimmen, in welchem Tempo sie vernünftigerweise arbeiten müssen. Termine sind für sie auch dann wichtige Anhaltspunkte, wenn sie mehrere Aufgaben bekommen, die sich überschneiden.

Termine sind aus unterschiedlichen Gründen für beide Typen nützlich

Das Verhalten zu Hause

Kinder, die dem rationalen Typ angehören, brauchen Fristen, damit sie beurteilen können, wieviel sie arbeiten müssen und ob neue Verpflichtungen in ihren Zeitplan passen. Irrationale Kinder brauchen Fristen, damit sie mit ihrer Arbeit anfangen. Ein Vater, der dem rationalen Typ angehörte, hatte große Mühe, wenn seine irrationale Tochter zu Bett gehen sollte. Als alleinerziehender Vater war er auf ihre Mithilfe angewiesen. Das Ritual begann früh, dauerte aber mehrere Stunden. Das Mädchen spielte in der Badewanne, spielte im Nachthemd und spielte mit allen Spielsachen, die sie erblickte. Der Vater drängte sie und forderte sie immer wieder auf, sich zu beeilen; aber nichts half. Schließlich nutzte der Vater seine Kenntnisse über Typen, um Abhilfe zu schaffen, und legte einen Zeitpunkt fürs Schlafengehen fest.

Das Mädchen hatte es gern, wenn der Vater ihr vor dem Schlafengehen eine Geschichte vorlas. Der Vater beschloß nun, genau um acht Uhr mit der Geschichte zu beginnen, und er fing mit dem Lesen auch dann an, wenn die Tochter noch gar nicht im Bett war. Zunächst hörten ihm nur ein paar Plüschtiere zu; doch es dauerte nicht lange, und das Kind fing an, sein Spiel, das Bad und andere Aktivitäten besser einzuteilen, so daß es im Bett liegen konnte, wenn der Vater mit dem Vorlesen begann. Der Vater brauchte sie nicht mehr zu drängen und an die Schlafenszeit zu erinnern; denn das besorgte nun der Termin. Vater und Tochter kamen jetzt besser miteinander aus.

Für ein rationales Kind kann es eine Belastung sein, wenn Eltern ihm spontan eine Frist setzen. Es ist anstrengend, wenn das Kind plötzlich innerhalb von zehn Minuten baden, sich die Zähne putzen und für die Schule fertig machen muß, obwohl sich bisher niemand darum gekümmert hat, wie lange es dafür brauchte. Rationale Kinder lassen sich nicht gerne hetzen, und sie schätzen es, wenn andere ihnen genügend Zeit einräumen, um etwas zu erledigen.

Spiele helfen irrationalen Kindern besser als Regeln, Ordnung zu halten

Das Verhalten zu Hause

Für kleine irrationale Kinder ist es nützlich, wenn sie bestimmte Plätze haben, um alle ihre Sachen aufzubewahren. Ein Vater hatte eine kleine Tochter vom irrationalen Typ, der es sehr schwerfiel, Ordnung zu halten. Er löste das Problem, indem er Bilder von Schlüsseln, Büchern, Gläsern und Bleistiften auf die Frisierkommode des Mädchens klebte und es aufforderte, die Gegenstände auf die entsprechenden Bilder zu legen, wenn es aus der Schule kam. Wenn die Objekte zur Schlafenszeit nicht auf dem richtigen Platz lagen, mußte das Kind sie holen, damit sich am folgenden Morgen keine hektische Suchaktion abspielte. Es nützt wenig, irrationale Kinder lediglich zu ermahnen. Selbst wenn Erwachsene die Sachen der Kinder aufräumen (viele tun es), setzt die Unordnung sich schnell wieder durch.

Andere irrationale Kinder finden es hilfreich, sich im Geiste den Stundenplan zu vergegenwärtigen, bevor sie zur Schule gehen. Dabei merken sie sich, welche Bücher, Hefte, Hausaufgaben und sonstigen Dinge sie brauchen. Da das Mittagessen und der Rückweg zum Tagesplan gehören, denken sie auch daran, den Hausschlüssel und genügend Geld mitzunehmen. Manche Kinder brauchen bei dieser Methode Hilfe. Die Eltern können gemeinsam mit ihnen einen gedanklichen Tagesplan aufstellen im Wissen, daß sie eines Tages allein dazu fähig sein werden.

«Standpauken» der Eltern sind wirkungslos, wenn Kinder nicht zuhören

Das Verhalten in der Schule

Kinder vom rationalen Typ vergessen oft, was sie «tun müßten». Sie brauchen klare Regeln, damit sie wissen, was man von ihnen erwartet. Eltern, die dem rationalen Typ angehören, neigen dazu, ihren Kindern häufig eine «Predigt» zu halten. Die Bildlegende zu einer Karikatur illustriert treffend, welche Wirkung solche Vorträge auf manche Kinder haben: «Kannst du mir nicht einen griffigen Einzeiler geben, anstatt eine langweilige Rede zu halten?» Die meisten Kinder hören sich eine «Standpauke» der Eltern nicht bis zum Schluß an. Eine Familie kann derartige Szenen abkürzen, wenn sie vereinbart, daß das Kind den Erwachsenen jederzeit unterbrechen und seine Ermahnungen mit eigenen Worten wiedergeben darf. Wenn dem Kind das gelingt, muß der «Prediger» aufhören. Kinder nutzen diese Möglichkeit gerne, aber Erwachsene fühlen sich mitunter frustriert, wenn niemand ihre sorgfältig vorbereitete Ansprache zu Ende hört. Immerhin können sie dank dieser Methode sicher sein, daß das Kind sie verstanden hat.

Das Wissen um Typenunterschiede ist beim Kauf von Geschenken nützlich

Das Verhalten zu Hause

In der Weihnachtszeit werden Kinder mit Werbespots überflutet, die sie verleiten sollen, sich *alles* zu wünschen. Eltern, die dem rationalen Typ angehören, versuchen herauszufinden, was das Kind haben möchte, und kaufen die Geschenke so früh wie möglich, damit sie das Gewünschte auf jeden Fall bekommen. Doch Kinder vom irrationalen Typ ändern ihre Meinung ebenso schnell wie ihre Wünsche, und da die Eltern nicht verraten möchten, daß sie die Geschenke bereits besorgt haben, reagieren sie meist vorwurfsvoll: «Du willst alles haben, was du siehst. Du bist so egoistisch. Kannst du dich denn gar nicht entscheiden?» Die Eltern wollen ihre Frustration abreagieren, und die Kinder fragen sich, was sie falsch gemacht haben und warum die Eltern so verärgert sind.

Eine mögliche Lösung besteht darin, daß die Eltern das irrationale Kind ermahnen, gründlich nachzudenken, bevor es seine Wünsche äußert. Statt zu sagen: «Ich möchte ein Skateboard haben», kann es zum Beispiel sagen: «Vielleicht wünsche ich mir ein Skateboard, aber ich bin mir noch nicht sicher.» Irrationale Typen halten sich gerne bis zur letzten Minute mehrere Möglichkeiten offen, und für Kinder läuft die letzte Minute oft an dem Tag ab, an dem sie das Geschenk erhalten sollen. Wenn Kinder darauf hinweisen, daß ihr Wunsch nicht unbedingt ihr letztes Wort ist, wissen die Eltern, daß ihre Sprößlinge sich noch nicht wirklich entschieden haben.

Damit Kinder vom irrationalen Typ ihre Eltern fair behandeln, sollte man ihnen einen Kalender geben und ihnen sagen, daß sie ihre Wahl bis zu einem bestimmten Datum treffen müssen und daß sie ihre Meinung nach diesem Termin nicht mehr ändern dürfen. Wenn ihnen danach etwas anderes besser gefällt, müssen sie warten, bis sich wieder eine Gelegenheit zum Schenken ergibt. Kinder akzeptieren dieses Verfahren. Es kommt dem Bedürfnis des irrationalen Kindes entgegen, Entscheidungen bis zum Ablauf einer Frist aufzuschieben, und es respektiert den Wunsch der Eltern, Geschenke rechtzeitig einzukaufen. Die Typenlehre ermöglicht es einer Familie, Lösungen zu finden, die dem Typ sowohl der Erwachsenen wie auch der Kinder entgegenkommen, und das führt immer zu einem besseren Verhältnis zwischen beiden.

Der Hinweis auf eine demnächst ablaufende Frist verbessert die Zusammenarbeit mit Kindern vom rationalen und vom irrationalenTyp

Das Verhalten zu Hause und in der Schule

Es ist wichtig, irrationale und rationale Kinder rechtzeitig darauf hinzuweisen, daß die Frist für die Fertigstellung einer Arbeit fast abgelaufen ist. Kinder, die dem rationalen Typ angehören, wollen eine Arbeit unbedingt abschließen. Vielleicht haben die Schüler im Unterricht eine Aufgabe gelöst und unterhalten sich nun darüber, was sie nach der Schule unternehmen können. Sie brauchen Zeit, um das Gespräch und ihre Gedankengänge zu beenden. Schüler vom irrationalen Typ muß man im voraus warnen, damit sie die Aufgabe abschließen können. Es genügt, wenn der Lehrer sagt: «Noch zwei Minuten. Ihr müßt zum Schluß kommen.» Eltern können ebenso vorgehen, wenn die Zeit für das Spielen außer Haus abläuft, und Lehrer können so das Ende einer Pause ankündigen. Solche Hinweise kommen den Bedürfnissen sowohl der rationalen wie auch der irrationalen Typen entgegen.

Für beide Typen ist es aus unterschiedlichen Gründen nützlich, wenn das benötigte Material verfügbar ist

Das Verhalten in der Schule

Während eines Workshops sollten Lehrer, die mit Persönlichkeitstypen vertraut waren, zu einer Geschichte Stellung nehmen. Die Mutter eines irrationalen Kindes wußte, daß das Kind im Laufe des Schuljahres während des Fernsehens fragen würde: «Haben wir ein Anschlagbrett? Ich muß morgen eine Arbeit abgeben, und dafür brauche ich eins.» Da die Mutter keine Lust hatte, mitten in der Woche in die Stadt zu fahren und ein

Anschlagbrett zu kaufen, hatte sie das Material bereits zu Beginn des Schuljahres gekauft und für alle Fälle aufgehoben. Die Lehrer kritisierten das Verhalten der Mutter – sie erziehe das Kind nicht zu verantwortlichem Handeln, sondern lade es geradezu ein, schlechte Gewohnheiten beizubehalten.

Einer anderen Gruppe von Lehrern wurde eine ähnliche Geschichte über ein Kind vom rationalen Typ erzählt. Die Mutter des Kindes wußte, daß das Kind irgendwann im Laufe des Schuljahres nach Hause kommen und fragen würde: «Haben wir ein Anschlagbrett? Ich muß eine wichtige Hausarbeit machen und möchte sofort damit anfangen.» Die Mutter fragte: «Wieviel Zeit hast du dafür?» Das Kind antwortete: «Eine Woche. Aber ich muß gleich anfangen, weil sie großen Einfluß auf die Note hat.» Da die Mutter nicht mitten in der Woche in die Stadt fahren und ein Anschlagbrett kaufen wollte, hatte sie das Material schon gekauft und für alle Fälle aufbewahrt. Diesmal billigten die Lehrer das Vorgehen der Mutter und hielten es für angemessen. Studien belegen, daß die meisten Lehrer die rationale Einstellung bevorzugen. Die Mehrheit der Lehrer identifizierte sich daher mit dem Wunsch des rationalen Kindes, sofort mit seiner Arbeit zu beginnen, während nur wenige damit einverstanden waren, daß das irrationale Kind seine Schularbeit so lange aufschob, bis die Frist nahezu abgelaufen war. Wer über derartige Typenunterschiede Bescheid weiß, entwickelt größeres Verständnis für unterschiedliches Lernverhalten.

Rat und Hilfe sind am nützlichsten, wenn sie den Bedürfnissen des Kindes entsprechen

Das Verhalten zu Hause

Kinder, die dem rationalen Typ angehören, wollen sich erst dann ausruhen, wenn sie ihre Arbeit beendet haben. Das heißt, daß manche ältere Kinder noch spät am Abend an ihren Schulaufgaben sitzen. Eltern, die ihr Kind auffordern, zu Bett zu gehen oder am nächsten Morgen früh aufzustehen und weiterzumachen, geben ihm einen Rat, der seinem natürlichen Lernverhalten widerspricht. Es wäre hilfreicher zu sagen: «Soll ich dir eine Tasse heißen Kakao machen oder dir ein Kissen holen?» Dadurch drücken die Eltern aus, daß sie das Bedürfnis des Kindes respektieren, eine Arbeit vor dem Zubettgehen abzuschließen, und sie zeigen Mitgefühl mit dem angestrengt arbeitenden Kind. Wenn möglich können die Eltern einige Pflichten des Kindes im Haushalt übernehmen, damit das rationale Kind früher mit seiner Arbeit anfangen kann. Wer diese Kinder auffordert, sich zu «entspannen», ignoriert ihre natürliche Präferenz.

Zusammenfassung

Während der Entwicklungsjahre ist es notwendig, die natürlichen Talente rationaler und irrationaler Kinder zu fördern. Das ist besonders dann wichtig, wenn Eltern oder Lehrer einem anderen Typ angehören.

- Vorausplanung hilft rationalen Kindern. Irrationalen Kindern sollte man helfen, die für eine Arbeit benötigte Zeit realistisch einzuschätzen.
- Fristen sind aus unterschiedlichen Gründen für beide Typen nützlich.
- Irrationale Kinder gewöhnen sich am besten auf spielerische Weise an Ordnung.
- Wenn ein Kind nachweisen kann, daß es den Zweck einer «Standpauke» begriffen hat, sollte der Erwachsene damit aufhören.

- Die Typologie hilft Familien beim Kauf von Geschenken.
- Wenn ein Lehrer seine Schüler auf das nahe Ende einer Frist für die Erledigung einer Aufgabe hinweist, hilft er beiden Typen, ihre Arbeit abzuschließen, und fördert die Zusammenarbeit.
- Es ist für beide Typen aus unterschiedlichen Gründen hilfreich, wenn das benötigte Material immer zur Hand ist.
- Eltern, die ihren Kindern einen Rat geben oder ihnen helfen möchten, sollten dabei auf die Bedürfnisse des jeweiligen Typs Rücksicht nehmen.

Kapitel 13

So verbessern Sie das Verhältnis zu Kindern aller Typen

Einige Maßnahmen, die das Verhältnis zwischen Erwachsenen und Kindern verbessern helfen, haben nichts mit unterschiedlichen Typen zu tun; sie fördern vielmahr das Problembewußtsein und somit auch das gegenseitige Verständnis. Dieses Kapitel befaßt sich mit Aspekten, die alle sechzehn Persönlichkeitstypen betreffen.

Nehmen Sie Rücksicht auf die Präferenz desjenigen, der momentan das größere emotionale Bedürfnis hat

Soll eine erschöpfte Mutter, die eben von der Arbeit nach Hause gekommen ist, ihrem extravertierten Kind zuhören, das ihr alles über seinen Tag erzählen möchte, oder soll sie das Kind auffordern, zu warten und das Bedürfnis seiner Mutter nach Ruhe zu respektieren? Es ist eine gute Regel, auf die Person einzugehen, die das größere emotionale Bedürfnis hat, es sei denn, das Kind ist noch im Vorschulalter. Sehr kleinen Kindern fällt es schwer, auf die Bedürfnisse von Erwachsenen Rücksicht zu nehmen, ältere Kinder sind dazu durchaus imstande.

Wenn die Mutter Mühe hat, ihrem Kind zuzuhören, und sich ausruhen muß, sollte sie in ein anderes Zimmer gehen und dem Kind versprechen, sich nach dem Essen mit ihm zu unterhalten. Kinder geben sich eher zufrieden, wenn man den Zeitpunkt anhand bestimmter Ereignisse festlegt und nicht «in einer Weile» oder «in dreißig Minuten» sagt. In unserem Beispiel hat die

Mutter zur Zeit das größere emotionale Bedürfnis, und nur wenn das Kind enttäuscht ist oder sich allein gelassen fühlt, sollte sie ihre Ruhepause verschieben und erst das Kind anhören. Damit das Kind nicht endlos redet, kann sie ihm fünf Minuten einräumen und ihm dann versprechen, sich nach einer Ruhepause mehr Zeit zu nehmen. Die meisten Kinder geben sich damit zufrieden.

Wenn Kinder unter Streß stehen, verlassen sie sich vor allem auf ihre natürlichen Präferenzen

Jeder Mensch ist imstande, sämtliche Funktionen und Einstellungen zu nutzen. Kinder experimentieren offenbar mit Funktionen, die nicht ihre Hauptfunktion sind – es sei denn, sie stehen unter Streß. Unter Belastung entscheiden Kinder sich in der Regel für Aktivitäten, die ihren natürlichen Präferenzen entgegenkommen. Streßbewältigung erfordert Energie, und diese Energie steht dann für besonders anstrengende Tätigkeiten nicht mehr zur Verfügung. Wenn das Leben in ruhigeren Bahnen verläuft, kann es sein, daß ein intuitives Kind sich für eine empfindende Tätigkeit entscheidet oder umgekehrt. Wenn sie unter Streß stehen, bevorzugen empfindende Kinder empfindende Aktivitäten, und intuitive Kinder wählen intuitive Aktivitäten. Da der Persönlichkeitstyp eines Kindes sich noch im Entwicklungsstadium befindet, sollte man ihm möglichst oft die Möglichkeit geben, unter lehrreichen Aktivitäten auszuwählen, die alle vier Funktionen (Empfindung, Intuition, Denken und Fühlen) ansprechen.

Wer über Typenunterschiede informiert ist, versteht die Motive der Menschen besser

Nicht alle Aussagen bedeuten das, was sie auf den ersten Blick zu bedeuten scheinen. Wenn ein Kind sagt: «Ich möchte nicht an diesem Ausflug teilnehmen», kann es viele Gründe dafür geben. Ein Kind, das dem Fühltyp angehört, will vielleicht wegen eines Streites mit einem Freund nicht mitgehen, und ein Kind vom Denktyp findet möglicherweise das Ziel des Ausflugs nicht interessant genug. Ein rationales Kind hat vielleicht deshalb keine Lust, weil es eine umfangreiche Schularbeit abschließen muß und befürchtet, durch einen Ausflug zuviel Zeit zu verlieren. Wenn ein empfindendes Kind zögert, könnte es zum Beispiel daran liegen, daß es am gleichen Ausflug bereits zweimal teilgenommen hat und sich langweilt. Erwachsene müssen sich daran gewöhnen, die erste Aussage eines Kindes nicht zu kommentieren, sondern nach den Motiven zu suchen, die ihr zugrunde liegen. Erwachsene können Kindern besser helfen, wenn sie die verborgenen Bedürfnisse ebenso berücksichtigen wie die offen angesprochenen.

Der Typ darf nie als Ausrede für das Nichterfüllen von Pflichten herhalten

Der Typ sollte nicht als Entschuldigung dafür dienen, daß ein Kind in der Schule oder zu Hause seine Pflichten nicht erfüllt. Wenn ein Kind um sechs Uhr abends nach Hause kommen soll, dann muß es diesen Termin einhalten, einerlei, welchem Typ es angehört. Das Wissen um Typenunterschiede kann Erwachsenen allerdings verstehen helfen, warum Pünktlichkeit dem irrationalen Kind schwerer fällt als dem rationalen. Manchen irrationalen Kindern hilft eine Armbanduhr, die ein Alarmsignal abgibt. Erwachsene dürfen jedoch von Kindern nichts verlangen, was diese nicht einhalten können. Wer von einem irrationalen Kind erwartet, sich die Merkmale des rationalen Typs anzueignen, verkennt die inhärenten Unterschiede zwischen beiden Typen. Erwachsene sollten daran denken, daß rationale und irrationale Typen lernen können, Erwartungen so zu erfüllen, wie es ihren Präferenzen entspricht.

Der Typ sagt nichts über das künftige Verhalten

Viele Erwachsene fragen, ob sie voraussagen können, wie ein Kind in bestimmten Situationen reagiert, wenn sie seinen Typ kennen. Kinder stellen oft die gleiche Frage, und sie möchten wissen, ob Erwachsene, die ihren Typ kennen, sie veranlassen können, etwas gegen ihren Willen zu tun. Hier geht es letztlich um Macht. Kann jemand, der über Typen Bescheid weiß, das Verhalten anderer bestimmen?

Kenntnisse in der Typenlehre verraten uns lediglich, welches Verhalten für einen Menschen in bestimmten Situationen wahrscheinlicher ist. Jeder Mensch hat einen freien Willen und kann alle Einstellungen und Funktionen nutzen. Jedes Individuum kann sich so verhalten, wie die Umstände es erfordern. Introvertierte können beispielsweise extravertiert handeln, Empfindungstypen können ihre Intuition nutzen und so weiter. Bei der Erziehung geht es zum Teil darum, daß wir Kindern helfen, sich situationsgerecht zu verhalten und dabei ihre persönlichen Stärken zu nutzen. Es gibt noch andere Faktoren, die nichts mit dem Typ zu tun haben und dennoch das Verhalten eines Kindes in einer bestimmten Situation beeinflussen. Der Typ kann nicht alles erklären.

Bei allen Typen ist es sinnvoller, nicht das Lösen einer Aufgabe, sondern das Lernen zu belohnen

Viele Erwachsene wissen nicht, wie sie Kinder belohnen sollen, wenn diese eine Aufgabe erfüllt haben. Nehmen wir an, ein Kind bekommt jedesmal ein Bonbon, wenn es sein Bett selbst macht. Wie lange soll es diese Belohnung erhalten? Verliert das Kind die Lust und hört auf, sein Bett zu machen, wenn die Mutter ihm kein Bonbon mehr gibt? Außerdem: Wenn ein siebenjähriges Kind dafür belohnt wird, daß es sein Bett macht, hat seine neunjährige Schwester dann ebenfalls Anspruch auf die Belohnung? Es ist problematisch, bestimmte Verhaltensweisen zu belohnen, weil es dabei auf das Tun an sich ankommt und nicht darauf, was das Kind lernt. Ist das Bettenmachen für ein kleines und für ein größeres Kind gleich schwierig? Wenn nicht, ist es unfair, das Bettenmachen zu belohnen. Eltern können dieses Problem vermeiden, indem sie Kinder belohnen, wenn sie etwas Neues gelernt haben. Dann können sie ihre Kinder gleich behandeln und ähnlich belohnen. Jedes Kind hat spezielle Fertigkeiten zu lernen, und es wird belohnt, wenn es dabei Fortschritte macht. Sobald ein Kind etwas gelernt hat, können die Eltern ihm erklären, daß diese Fertigkeit – zum Beispiel das Dividieren langer Zahlen – künftig nicht mehr als neu gilt und daß sie von ihm erwarten, sein neues Wissen von nun an zu benutzen. Wenn das Kind also eine neue Belohnung haben möchte, können Eltern und Kind zusammen entscheiden, was es Neues lernen soll. Es ist gerecht, Kinder gleich zu belohnen, wenn sie etwas Neues gelernt haben; es kann jedoch ungerecht sein, sie gleich zu belohnen, wenn sie eine bestimmte Tätigkeit verrichtet haben.

Manche Erwachsene mit bestimmten Präferenzen haben Mühe, über Belohnungen «Buch zu führen», oder es frustriert sie sogar. Sie vergessen, die Fortschritte eines Kindes zu notieren, oder sie tun es nicht jeden Tag, oder sie denken erst daran, wenn es Ärger gibt. Wenn diese Methode entweder den Erwachsenen oder das Kind stört, ist ihre Wirksamkeit eingeschränkt. Erwachsene, die ihre Stärken und Schwächen sowie die Stärken und Schwächen ihrer Kinder oder Schüler kennen, sind auch in der Lage, richtig zu belohnen. Belohnungen sollten dem Persönlichkeitstyp sowohl des Erwachsenen wie auch des Kindes entsprechen.

Auch Kinder haben ein Recht auf Information über Testergebnisse in bezug auf ihren Typ

Ein Erwachsener, der einen Persönlichkeitstest macht, hat das Recht, über die Ergebnisse informiert zu werden und sich dann eine eigene Meinung zu bilden. Kinder haben das gleiche Recht. Wenn ein Kind einen Test macht, sollte es über das Resultat unterrichtet werden, damit es Fragen stellen kann. Die Eltern oder der Lehrer können beteiligt werden; aber sie sollten keine Informationen erhalten, die das Kind nicht erhält.

Kinder profitieren davon, wenn sie über ihre Entwicklung Bescheid wissen. Die Entwicklung des Typs ist ein Teil des Wachstumsprozesses, und darum ist es wünschenswert, daß Kinder die Unterschiede zwischen den Persönlichkeitstypen kennen. Erwachsene sollten jedoch nicht darauf bestehen, daß ein Kind einen Fragebogen ausfüllt. Wenn sie den Persönlichkeitstyp des Kindes bestimmen wollen, sollte das Kind freiwillig mitmachen. Persönlichkeitstests sind lediglich Werkzeuge, die uns helfen, Präferenzen zu bestimmen.

Persönlichkeitstests sind für Kinder eine Gelegenheit, ihre Gefühle und Gedanken auszudrücken. Erwachsene stellen mitunter Vermutungen darüber an, welchem Typ ein Kind angehört, und behandeln es dann so, als sei ihre Einschätzung zutreffend. Aber seine wahren Präferenzen kann ein Mensch nur selbst identifizieren. Wenn wir Kindern erlauben, das mit Hilfe eines Tests zu tun, müssen wir auch ihr Recht respektieren, das Ergebnis anzuzweifeln oder zu bestätigen.

Der Typ ist etwas Persönliches

Die Wissenschaft kann untersuchen und erklären, wie das Blut durch den Körper strömt, und wir können den Blutkreislauf als Tatsache akzeptieren. Die Theorie von der Persönlichkeitsentwicklung läßt sich demgegenüber mit den Methoden der Wissenschaft nur glaubhaft machen. Die Persönlichkeit ist nicht konkret, sondern ein hypothetisches Gebilde, dessen Grundlage das Denken und Tun eines Individuums ist. Der psychologische Typ ist eine von mehreren Möglichkeiten, die Persönlichkeit eines Individuums zu beschreiben. Studien mit Erwachsenen stützen die Theorie, daß Einstellungen und Funktionen sich im Laufe der Zeit entwickeln und daß dem Persönlichkeitstyp echte und nachweisbare Unterschiede in der Informationsverarbeitung, Kommunikation und Interaktion zugrunde liegen. Die meisten Daten über Kinder und die Entwicklung des Typs stützen sich auf Beobachtungen des kindlichen Verhaltens. Es gibt keinen eindeutigen «Beweis» dafür, daß die Beschreibungen der Typen korrekt sind; sie liefern jedoch eine gute Beschreibung des kindlichen Verhaltens. Kinder, die die Typentheorie kennenlernen, sind ebenso befriedigt wie Erwachsene, wenn sie erfahren, daß ihre persönlichen Präferenzen normal und natürlich sind, und manchmal identifizieren sie sich mit ihren Testprofilen und benutzen sie, um ihr Verhalten zu ändern – das würden sie kaum tun, wenn die Typenlehre für sie nichtssagend wäre. Wir wissen, daß manche Kinder ihren Freunden von den Typen erzählen, weil sie diese Theorie für eine klare und nützliche Methode halten, das Verhalten von Gleichaltrigen und Erwachsenen zu interpretieren.

Durch das Eingehen auf Typenunterschiede sind bessere Beziehungen zwischen Erwachsenen und Kindern möglich

Die Einstellung und das Verhalten können zwischen Erwachsenen und Kindern Brücken schlagen. Es ist ein großer Unterschied, ob wir das Geplauder eines extravertierten Kindes als lästiges Geräusch betrachten oder als Ausdruck eines Bedürfnisses, Informationen über die Welt auszutauschen. Die Einstellung löst Reaktionen aus. Wenn wir das Verhalten eines Kindes akzeptieren, gehen wir anders damit um, als wenn wir es unakzeptabel finden. Erwachsene, die über Typen Bescheid wissen, lernen die Vorzüge aller Typen schätzen; sie wissen, welches Verhalten für die verschiedenen Typen normal ist, und sie können durch eine positive Einstellung Brücken schlagen.

Wenn ein Erwachsener auf die typenspezifischen Bedürfnisse eines Kindes eingeht, stellt er durch dieses Tun eine Verbindung her. Eltern, die ihren empfindenden Kindern einen Sachverhalt so erklären, daß Empfindungstypen ihn verstehen können, und Eltern, die ihren rationalen Kindern helfen, für den Familienurlaub vorauszuplanen, respektieren damit die Individualität ihrer Kinder und bauen positive Brücken zu ihnen.

Der Typ ist nur ein Aspekt der individuellen Entwicklung

Wenn wir uns von einem Kind ein umfassendes Bild machen wollen, müssen wir alle Aspekte seiner Entwicklung, aber auch seine Umwelt untersuchen. Die bloße Feststellung von Typenunterschieden kann dazu führen, daß wir vielschichtige Verhaltensweisen unzulässig vereinfachen und die Komplexität der Persönlichkeit unterschätzen.

Die Kenntnis der Typentheorie hilft uns, das Verhalten der Menschen zu beschreiben, Unterschiede zu akzeptieren und die Bedürfnisse sich entwickelnder Kinder besser zu verstehen. Doch so nützlich dieses Instrument auch sein mag, wenn es gilt, das Verhalten zu erklären – Menschen bleiben komplex. Beschreibungen sind lediglich Beispiele, und niemand ist gezwungen, sich nach seinen Präferenzen zu richten. Faktoren im Umfeld oder im Unbewußten des Kindes können sein Verhalten jederzeit beeinflussen. Obwohl Menschen komplexe Wesen sind, können wir unser Verhältnis zu anderen verbessern, wenn wir die Persönlichkeitsentwicklung wenigstens teilweise verstehen. Natürlich können wir diese Unterschiede auch so lange ignorieren, bis sie wissenschaftlich bewiesen sind – aber Beobachtungen und die Erfahrung bestätigen sie schon heute. Wenn wir über Typenunterschiede informiert sind, kann das unseren Beziehungen zu Kindern nur nützen.

Zusammenfassung

Manche Strategien gelten für alle Typen. Sie helfen uns, bessere Beziehungen herzustellen und die sich entwickelnde Persönlichkeit des Kindes zu schützen.

- Nehmen Sie Rücksicht auf die typischen Bedürfnisse derjenigen Person, die das größere emotionale Bedürfnis hat, es sei denn, Sie haben es mit einem Kind im Vorschulalter zu tun.
- Streß verringert die Flexibilität eines Menschen.
- Es ist wichtig, das Motiv zu kennen, das dem Verhalten eines Menschen zugrunde liegt.

- Der Typ darf nicht als Entschuldigung für Ungehorsam herhalten.
- Der Typ sagt nichts über das künftige Verhalten aus.
- Bei allen Typen ist es sinnvoller, nicht das Lösen einer Aufgabe, sondern das Lernen zu belohnen.
- Persönlichkeitstests zur Bestimmung des Typs sind nur Hilfsmittel. Das Kind sollte sich solchen Tests freiwillig unterziehen.
- Auch Kinder haben das Recht, Testergebnisse zu erfahren. Persönlichkeitsunterschiede lassen sich durch die Einstellung und durch das Verhalten überbrücken.
- Der Typ ist nur ein Aspekt der individuellen Entwicklung; aber Informationen über Persönlichkeitstypen können das Verhältnis zwischen Erwachsenen und Kindern verbessern.

Literatur

Deutschsprachige Bücher zur Jungschen Typologie:

Franz, M.-L. von und J. Hillman: *Zur Typologie C. G. Jungs. Die inferiore und die Fühlfunktion.* Schriftenreihe des C. G. Jung Instituts Zürich. Bonz, Fellbach 1980. Das Buch weitet den Blick auf das, was wir als minderwertig empfinden, was aber paradoxerweise als schöpferische Seite in uns wirkt: die minderwertige Funktion.

Jung, C. G.: *Psychologische Typen.* Gesammelte Werke Bd. 6, herausgegeben von M. Niehus-Jung, L. Hurwitz-Eisner, F. Riklin und L. Zander. Walter, Solothurn-Düsseldorf 1995. Dieses Buch enthält eine allgemeine Beschreibung der psychologischen Typen, es definiert die wichtigsten psychologischen Begriffe Jungs und es stellt Zusammenhänge zwischen Typenlehre, Geschichte, Literatur und Religion her.

Kasten, C. und K. Strasser: *Untersuchung zur Typologie C. G. Jungs. Anhand einer ins Deutsche übertragenen Fassung des «Singer-Loomis Inventory of Personality».* In Berlin, Berlin 1987.

Loomis, M. E.: *Tanz des Typenrades. Indianische Weisheitslehren und Jungsche Psychologie.* Walter, Solothurn-Düsseldorf 1994. Durch die Verbindung von Jungs Typenlehre mit den indianischen Lehren vom Medizinrad wird Jungs Lehre der psychologischen Typen fruchtbar erweitert zu dem, was sie für ihn ursprünglich war: eine Hilfe auf dem Individuationsweg.

Meier, C. A.: *Persönlichkeit. Der Individuationsprozeß im Lichte der Typologie Jungs.* Daimon, Einsiedeln 1995. Die Entwicklung der Persönlichkeit als Auseinandersetzung zwischen Bewußtsein und Unbewußtem ist das Thema dieses Buches.

Siebenthal, Wolf von: *Denkmann und Fühlfrau. Fühlen wie sie, denken wie er.* Walter, Solothurn-Düsseldorf 1993.

–: *Empfindungsfrau und Intuitionsmann. Entwerfen wie er, gestalten wie sie*. Walter, Solothurn-Düsseldorf 1995.

Ausgehend von der Typenlehre C. G. Jungs werden anhand lebensnaher Beispiele die jeweiligen Typen dargestellt und spezifische Paarkonflikte dieser Typenkonstellationen besprochen.

Wickes, F. G.: *Analyse der Kinderseele*. Mit einem Vorwort von C. G. Jung. Rascher, Zürich 1969. (Engl.: *The Inner World of Childhood*. Englewood Cliffs, NJ, Prentice Hall 1966.) Ein Überblick über die Entwicklung des Kindes und die Typologie. Der Schwerpunkt liegt auf der Theorie.

Englischsprachige Literatur zum Thema:

Hirsh, S. und J. Kummerow: *Lifetypes*. Warner Books, New York 1989. Dieses Buch beschreibt die grundlegenden Unterschiede zwischen Menschen. Es führt ausgezeichnete Beispiele an und zeigt, wie diese Unterschiede verschiedene Lebensbereiche beeinflussen.

Keirsey, D. und M. Bates: *Please Understand Me*. Prometheus Nemesis Press, Del Mar 1979. Dieses Buch enthält gute Charakterbeschreibungen der psychologischen Typen und ihrer Kombinationen.

Kroeger, O. und J. Theusen: *Type Talk*. Delacorte Press, New York 1988. Dieses Buch wendet sich an Anfänger; es erklärt die Begriffe der Typologie und beschreibt Typenunterschiede anhand guter Beispiele.

Lawrence, C., A. Galloway und G. Lawrence: *The Practice Centers Approach to Seatwork: A Handbook*. McKenzie Press, New York 1988. Dieses kleine Buch beschreibt, wie Lehrer «Lernzentren» anwenden können, um auf die individuellen Unterschiede zwischen Schülern einzugehen.

Lawrence, G.: *People Types and Tiger Stripes: A Practical Guide to Learning Styles*. Center for the Applications of Psychological Type, Gainesville 1979. Dieses Buch beschreibt, wie man Begriffe aus der Typologie in der Erziehung anwenden kann. Der Schwerpunkt liegt auf der Anwendung der Typologie in der High School und im College.

Meisgeier, C. und E. Murphy: *Murphy-Meisgeier Type Indicator for Children:* Manual Consulting Psychologists Press, Palo Alto 1987. Dies ist ein Handbuch zum *Murphy-Meisgeier-Typ Indicator for Child-*

ren, der das psychologische Typenprofil von Kindern der 2. bis 8. Klasse bestimmt.

Meisgeier, C., E. Murphy und C. Meisgeier: *A Teacher's Guide to Type: A New Perspective on Individual Differences in the Classroom.* Consulting Psychologists Press, Palo Alto 1989. Diese Broschüre führt Grundschul- und High-School-Lehrer in die Begriffe der psychologischen Typologie ein und erklärt, wie man sie in der Schule anwenden kann.

Myers, I.: *Gifts Differing.* Consulting Psychologists Press, Palo Alto, 1980, 1990. Dieses Buch beschreibt die Typenlehre anhand zahlreicher Beispiele. Da es sich auf die Theorie konzentriert, ist es für Anfänger nicht zu empfehlen.

Neff, L.: *One of a Kind.* Multnomah Press, Portland 1988. Dieses Buch führt in die Typenunterschiede zwischen Kindern ein und erklärt anhand von Beispielen, wie Informationen über solche Unterschiede Eltern und Lehrern helfen können, Kinder besser zu verstehen.

Suzy Gubelmann-Kull

Ein Ich wächst aus Bewußtseinsinseln

Reifungsschritte in der Sandspieltherapie
149 Seiten, Broschur

Andy, der sechsjährige Enkel der Autorin, gestaltet über ein Jahr lang im Sandkasten seine innere Entwicklung. Liebevoll und anregend beschreibt die erfahrene Sandspieltherapeutin die Entstehung der einzelnen Bilder und entschlüsselt ihre symbolische Bedeutung auf der Basis der Jungschen Psychologie. Staunend nimmt der Leser, die Leserin zur Kenntnis, wie eindrücklich sich die unbewußte aktuelle Situation im Sandbild und der Entwicklungsprozeß im Ablauf der Sandbildserie widerspiegeln.